TESSLOFFS illustrierte BIBLIOTHEK

Unsere Welt

Tessloff

INHALT

Copyright © 2002 Tessloff Verlag,
Nürnberg (deutsche Ausgabe)
www.tessloff.com
www.wasistwas.de

Copyright © 2000 Orpheus Books Ltd

Konzipiert und herausgegeben von Nicholas Harris, Joanna Turner und Claire Aston, Orpheus Books Ltd

Text Jacqueline Dineen

Illustratoren Susanna Addario, Stephen Conlin, Ferruccio Cucchiarini, Giuliano Fornari, Gary Hincks, Christa Hook, Steve Kirk, Lee Montgomery, Steve Noon, Nicki Palin, Alessandro Rabatti, Eric Robson, Claudia Saraceni, Roger Stewart, Thomas Trojer, Martin Woodward

Kartographie Olive Pearson

Übersetzung Birgit Reß-Bohusch
Lektorat (deutsche Ausgabe) Sabine Tessloff

Alle Rechte vorbehalten. Das Werk einschließlich aller seiner Teile ist urheberrechtlich geschützt. Jede Vervielfältigung und Speicherung in elektronischen, mechanischen oder anderen Systemen ist ohne ausdrückliche Genehmigung des Verlages untersagt.

ISBN 3-7886-1298-3

Gedruckt und gebunden in Singapur

Foto auf Seite 6: The Illustrated London News Picture Library

INHALT

MENSCHEN

4 BEVÖLKERUNG
Bevölkerungsdichte und -wachstum • Die Länder mit den höchsten Einwohnerzahlen

6 GROSSSTÄDTE
Die Stadtentwicklung • „Megalopolis" • Die größten Städte der Welt

8 REGIERUNG
Liberale Demokratien • Die Regierung der USA • Die EU • Die Vereinten Nationen

10 VOLKSGRUPPEN
Völker und Stämme der Erde

12 WELTSPRACHEN
Die wichtigsten Sprachfamilien • Die meistverbreiteten Sprachen

14 SCHRIFTEN UND ALPHABETE
Die Geschichte der Schrift • Verschiedene Alphabete • Die Gebärdensprache

RELIGIONEN

16 WELTRELIGIONEN
Glaubensrichtungen • Shintoismus

17 JUDENTUM • SIKHISMUS

18 HINDUISMUS

19 BUDDHISMUS

20 CHRISTENTUM

22 ISLAM

LEBENSGEWOHNHEITEN

24 WOHNEN RUND UM DIE WELT

26 TRADITIONELLE HÄUSER
Ein japanisches Heim • Ein Massai-Heim

INHALT

28 **FESTE**
Heiratsmarkt der Berber • Japanische Feste • Karneval • Kulttänze

30 **SPORT**
Olympische Spiele

LANDWIRTSCHAFT UND FISCHEREI

32 **LANDWIRTSCHAFT**
Anbauarten weltweit • Intensivmethoden • Wanderfeldbau

34 **ACKERBAU**
Anbaukreislauf • Die Hauptanbaupflanzen

36 **VIEHHALTUNG**
Nutztiere in aller Welt • Geflügelhaltung • Hauptgebiete der Viehhaltung

38 **FISCHEREI**
Die ergiebigsten Fischfanggründe der Welt • Fangmethoden • Traditionelle Fischerei

INDUSTRIE

40 **BERGBAU UND INDUSTRIE**
Wichtigste Mineralvorkommen • Industriezweige • Stahl- und Glasherstellung

42 **FOSSILE BRENNSTOFFE**
Kohle • Erdöl und Erdgas

44 **ELEKTRIZITÄT**
Wärme-, Atom- und Wasserkraftwerke • Stromversorgung • Alternative Energien

TRANSPORT UND VERKEHR

46 **LUFTVERKEHR**
Wichtigste Flugrouten • Der Flughafen

48 **HÄFEN UND WASSERSTRASSEN**
Hauptschifffahrtsrouten • Kanäle

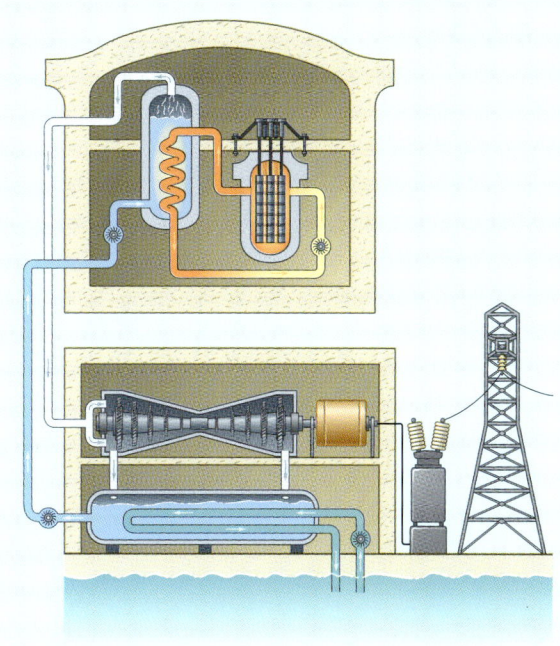

BAUTECHNIK

50 **BAUEN**
Baumaterialien und -methoden • Monumentalbauten

52 **WOLKENKRATZER**
Das John Hancock Center • Die höchsten Bauwerke der Welt

54 **BRÜCKEN**
Verschiedene Brückentypen • Die Seto-Ohashi-Brücke

WELTPROBLEME

56 **WOHLSTAND UND ARMUT**
Säuglingssterblichkeit • Bruttoinlandsprodukt • Elendsviertel

58 **GEFAHREN FÜR DIE UMWELT**
Zerstörung von Lebensräumen • Wüstenbildung • Rodung von Wäldern • Umweltverschmutzung • Zerstörung der Ozonschicht • Saurer Regen • Globale Erwärmung

60 **GLOSSAR**

62 **REGISTER**

BEVÖLKERUNG

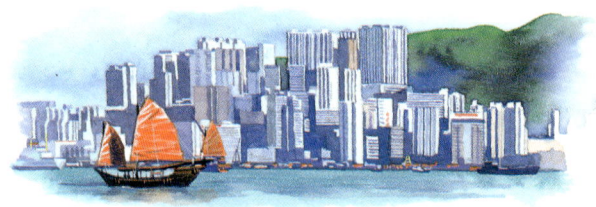

Die Insel Hongkong hat, gemessen an ihrer Größe, eine hohe Bevölkerungsdichte.

DIE WELTBEVÖLEKRUNG hat im 20. Jahrhundert gewaltig zugenommen. Betrug sie um 1900 noch 1,6 Milliarden, so hatte sie im Jahr 2000 bereits 6 Milliarden überstiegen. Und jährlich wächst sie um weitere 86 Millionen. Nach einer Studie der Vereinten Nationen *(siehe Seite 9)* wird es um 2020 mindestens 7,9 Milliarden Menschen auf der Erde geben. Bis 2050 könnte die Zahl sogar auf 13 Milliarden klettern.

Allerdings sind die Menschen nicht gleichmäßig auf der Erde vereilt. Wie die Karte *(unten)* zeigt, gibt es in manchen Gegenden mit großen Industriezentren oder Intensiv-Landwirtschaft – z. B. in Europa, dem Osten Nordamerikas, Indien, China und Japan – eine weit höhere Bevölkerungsdichte als anderswo.

Die rasche Bevölkerungszunahme setzte um 1800 mit dem Beginn der Industriellen Revolution ein, begünstigt durch Fortschritte in der Medizin und ein größeres Nahrungsangebot vor allem in Europa und Nordamerika. Auf diesen beiden Kontinenten befanden sich um 1900 die größten Städte der Welt.

Im vergangenen Jahrhundert spielte sich das Bevölkerungswachstum zu 97 Prozent in den ärmeren Ländern von Afrika, Asien, Mittel- und Südamerika ab. Hier hatten die Familien traditionsgemäß viele Kinder. Im Sudan etwa liegt die durchschnittliche Geburtenrate bei 5,7 Babys, in Kanada dagegen nur bei 1,8 Babys pro Familie. Da jedoch auch in den Entwicklungsländern die Gesundheitsvorsorge

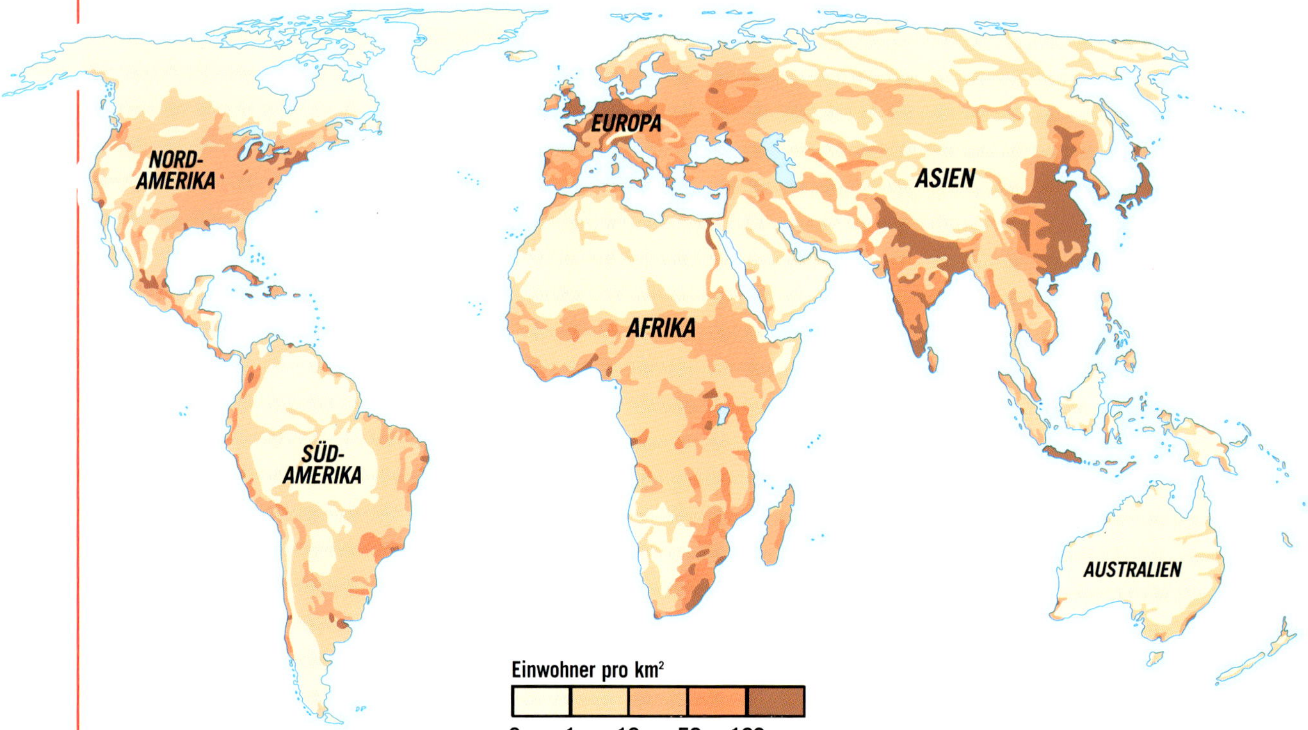
NORD-AMERIKA
EUROPA
ASIEN
AFRIKA
SÜD-AMERIKA
AUSTRALIEN
Einwohner pro km²
0
1
10
50
100

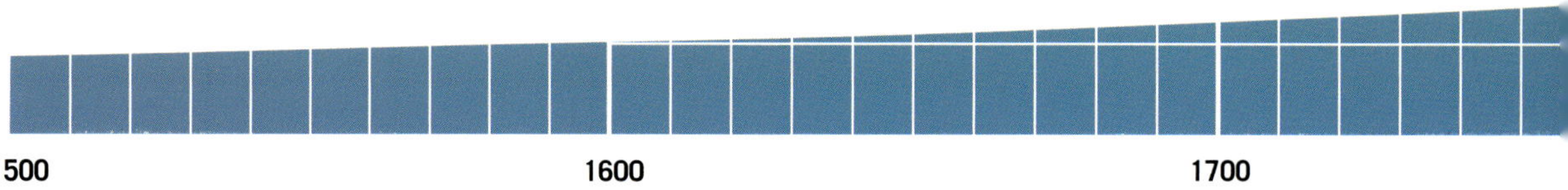
1500
1600
1700

MENSCHEN

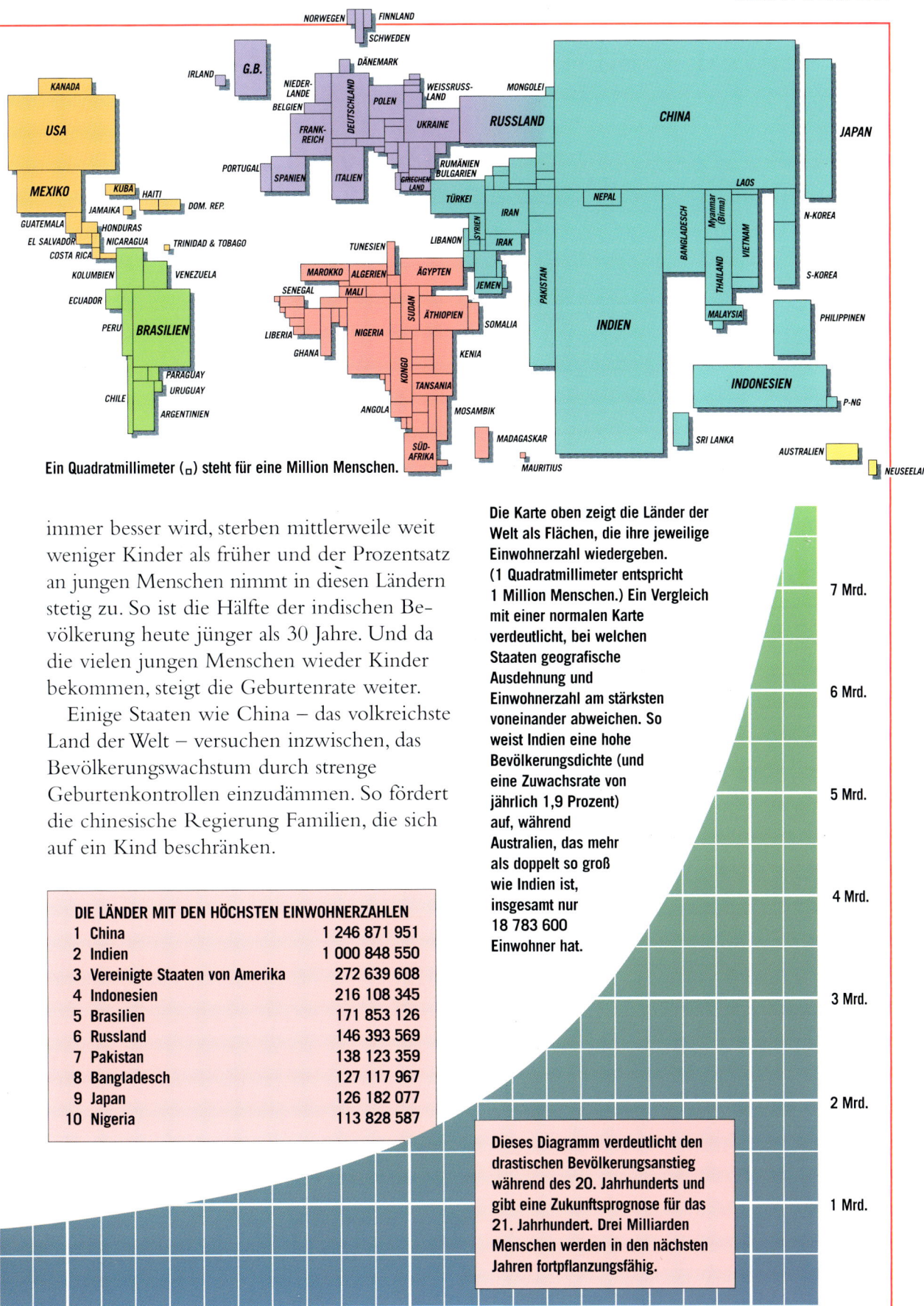

Ein Quadratmillimeter (▫) steht für eine Million Menschen.

immer besser wird, sterben mittlerweile weit weniger Kinder als früher und der Prozentsatz an jungen Menschen nimmt in diesen Ländern stetig zu. So ist die Hälfte der indischen Bevölkerung heute jünger als 30 Jahre. Und da die vielen jungen Menschen wieder Kinder bekommen, steigt die Geburtenrate weiter.

Einige Staaten wie China – das volkreichste Land der Welt – versuchen inzwischen, das Bevölkerungswachstum durch strenge Geburtenkontrollen einzudämmen. So fördert die chinesische Regierung Familien, die sich auf ein Kind beschränken.

Die Karte oben zeigt die Länder der Welt als Flächen, die ihre jeweilige Einwohnerzahl wiedergeben. (1 Quadratmillimeter entspricht 1 Million Menschen.) Ein Vergleich mit einer normalen Karte verdeutlicht, bei welchen Staaten geografische Ausdehnung und Einwohnerzahl am stärksten voneinander abweichen. So weist Indien eine hohe Bevölkerungsdichte (und eine Zuwachsrate von jährlich 1,9 Prozent) auf, während Australien, das mehr als doppelt so groß wie Indien ist, insgesamt nur 18 783 600 Einwohner hat.

DIE LÄNDER MIT DEN HÖCHSTEN EINWOHNERZAHLEN	
1 China	1 246 871 951
2 Indien	1 000 848 550
3 Vereinigte Staaten von Amerika	272 639 608
4 Indonesien	216 108 345
5 Brasilien	171 853 126
6 Russland	146 393 569
7 Pakistan	138 123 359
8 Bangladesch	127 117 967
9 Japan	126 182 077
10 Nigeria	113 828 587

Dieses Diagramm verdeutlicht den drastischen Bevölkerungsanstieg während des 20. Jahrhunderts und gibt eine Zukunftsprognose für das 21. Jahrhundert. Drei Milliarden Menschen werden in den nächsten Jahren fortpflanzungsfähig.

MENSCHEN

GROSSSTÄDTE

UNTER EINER Großstadt versteht man eine bedeutende Stadt mit vielen Einwohnern. Jedes Land hat eine Hauptstadt, die in der Regel zugleich der Regierungssitz ist. Andere Großstädte entwickeln sich in der Nähe wichtiger Industrien und ihrem Umfeld wie Häfen, Transportknotenpunkten, Handelsniederlassungen und Verwaltungszentren.

Im Altertum entstanden Städte zunächst dort, wo der Ackerbau so hohe Erträge abwarf, dass nicht mehr alle Menschen den Boden bearbeiten mussten. Manche wurden Handwerker, Priester oder Händler. In den Städten kam es zu einem steten Austausch neuer Ideen. Mit dem Bau von Städten begannen auch die ersten Zivilisationen (vom lateinischen *civis* für Stadtbewohner).

Manche Städte entwickelten sich aus Märkten, auf denen die Bewohner der umliegenden Dörfer ihre Erzeugnisse tauschten oder verkauften. Wenn so ein Markt eine günstige Lage besaß – zum Beispiel an einem Fluss-

Eine Industriestadt von 1879. Die Industrialisierung führte zu einem raschen Städtewachstum.

übergang oder in der Nähe eines Naturhafens – siedelten sich bald Menschen an, um für immer hier zu leben und zu arbeiten.

Die Industrielle Revolution des 19. Jahrhunderts verlieh dem Städtebau einen enormen Aufschwung, als immer mehr Menschen in die neuen Fabriken und Werften strömten, angelockt von Löhnen, die weit höher waren als in der Landwirtschaft.

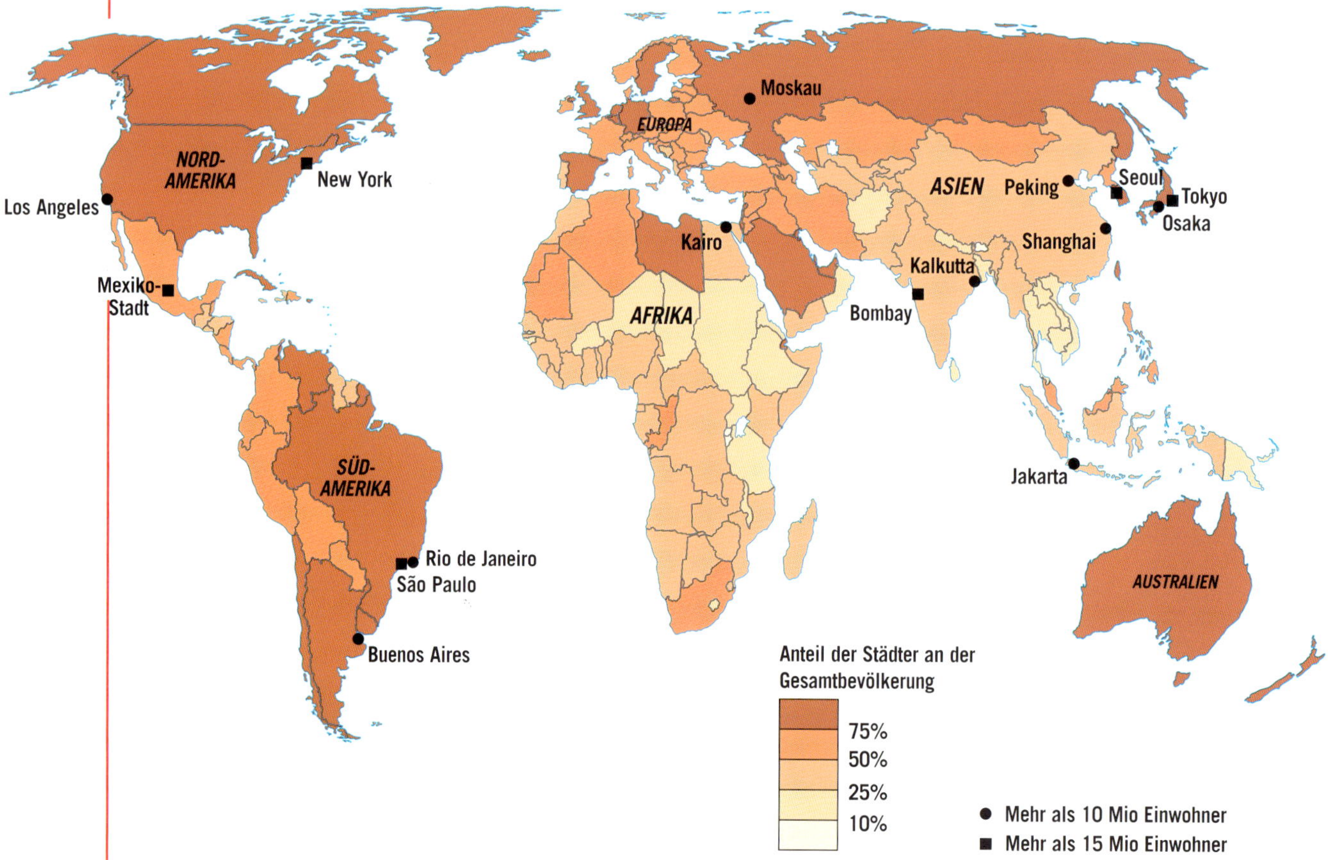

Anteil der Städter an der Gesamtbevölkerung
- 75%
- 50%
- 25%
- 10%

● Mehr als 10 Mio Einwohner
■ Mehr als 15 Mio Einwohner

Seither hält das Wachstum der Städte an. Es gibt inzwischen Großstädte, die zu einem riesigen Ballungsraum verschmolzen sind, in dem viele Millionen Menschen leben und arbeiten. Ein Beispiel für eine solche „Megalopolis" ist die Ostküste der USA von Boston über New York und Philadelphia bis hin nach Washington. Obwohl Großstädte nur zwei Prozent der Erdoberfläche einnehmen, verbrauchen sie 75 Prozent aller Rohstoff- und Energievorräte. Einer Schätzung zufolge werden um 2025 zwei Drittel der Weltbevölkerung in Großstädten leben.

Am schnellsten wachsen die Großstädte in den Entwicklungsländern. Viele Menschen ziehen in der Hoffnung auf Arbeit und ein besseres Leben vom Land in die Städte. Mit 24 Millionen Einwohnern hat sich Mexiko-Stadt zu einer der größten Städte entwickelt.

Die großen Städte Nordafrikas sind berühmt wegen ihrer bunten Märkte oder Souks. In den zahlreichen Ständen und Buden der Souks, die sich meist in der Altstadt befinden, werden eine Fülle von Waren angeboten, von Obst und Gemüse bis hin zu Lederwaren, Kupfergegenständen und fein bestickten Stoffen.

Die größte Stadt der Welt ist derzeit die Megalopolis Tokyo-Yokohama in Japan. Obwohl man selbst dem Meer einiges an Land abgerungen hat, leben die Menschen auf engstem Raum zusammen. Deshalb sind in Tokyo U-Bahnen, Straßen, Hotels und Schwimmbäder meist hoffnungslos überfüllt.

DIE GRÖSSTEN STÄDTE DER WELT	
1 Tokyo-Yokohama, Japan	28 447 000
2 Mexiko-Stadt, Mexiko	23 913 000
3 São Paulo, Brasilien	21 539 000
4 Seoul, Südkorea	19 065 000
5 New York City, USA	16 332 000
6 Bombay, Indien	15 138 000
7 Osaka-Kobe, Japan	14 060 000
8 Shanghai, China	13 584 000
9 Kalkutta, Indien	12 885 000
10 Rio de Janeiro, Brasilien	12 778 000

Venedig *(links)* an der italienischen Adriaküste wurde auf den Inseln einer Lagune erbaut. In der von Kanälen durchzogenen Stadt gibt es keine Autos, sondern motorisierte Linienboote – die so genannten *Vaporettos* – und die vor allem bei Touristen beliebten Gondeln. Venedig war früher ein Stadtstaat mit einem eigenen Herrscher, dem Dogen. Die hier abgebildete Seufzerbrücke führte vom Dogen-Palast zum Stadtgefängnis.

New York ist die größte Stadt und der bedeutendste Seehafen der Vereinigten Staaten. Als Zentrum der internationalen Finanzwelt gilt die Wall Street mit ihren zahlreichen Banken. Die höchsten Wolkenkratzer der Metropole waren die Zwillingstürme des World Trade Center, bis sie am 11. September 2001 durch einen Terroranschlag zerstört wurden.

REGIERUNG

UNTER einer Regierung versteht man jedes System, das eine Herrschaft über das Volk ausübt. Es gibt verschiedene Regierungsformen. In einer liberalen Demokratie gibt es mehrere politische Parteien, deren Vertreter vom Volk gewählt werden. Ein totalitäres Regime ist ein System mit einer einzigen Partei, die alle Staatsgewalt auf sich vereint. Eine Autokratie ist eine Regierungsform, bei der die Macht in den Händen einer Person oder des Militärs liegt.

In einer liberalen Demokratie finden Wahlen statt, mit denen das Volk seine Regierungsvertreter bestimmen kann. In den USA oder Frankreich werden sowohl der Präsident als auch die Parlamentsmitglieder direkt gewählt. In anderen Ländern wie Großbritannien wird nur das Parlament gewählt. Die Partei mit den meisten Parlamentssitzen bildet die Regierung. Beim so genannten „Verhältniswahlrecht" stellt jede Partei eine Kandidatenliste auf. Hier wählt das Volk eine Partei und nicht eine bestimmte Person. Jede Partei erhält dann im Parlament die Anzahl an Sitzen, die dem Prozentsatz der Wählerstimmen entspricht.

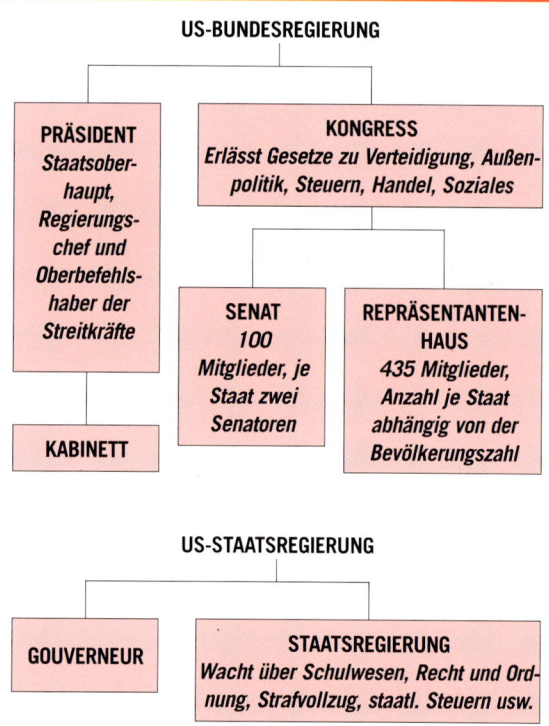

US-BUNDESREGIERUNG

- **PRÄSIDENT** – Staatsoberhaupt, Regierungschef und Oberbefehlshaber der Streitkräfte
  - KABINETT
- **KONGRESS** – Erlässt Gesetze zu Verteidigung, Außenpolitik, Steuern, Handel, Soziales
  - **SENAT** – 100 Mitglieder, je Staat zwei Senatoren
  - **REPRÄSENTANTENHAUS** – 435 Mitglieder, Anzahl je Staat abhängig von der Bevölkerungszahl

US-STAATSREGIERUNG

- **GOUVERNEUR**
- **STAATSREGIERUNG** – Wacht über Schulwesen, Recht und Ordnung, Strafvollzug, staatl. Steuern usw.

Einige liberale Demokratien wie Großbritannien, Spanien und Japan sind zugleich Monarchien. Hier steht ein Monarch an der Spitze des Staates. Staaten wie die USA, Frankreich oder Deutschland, in denen es keine Monarchen gibt, nennt man Republiken.

Die USA setzen sich aus 50 Staaten zusammen, die eine Republik mit bundesstaatlicher Verfassung bilden. Jeder Staat hat seine gewählte Regierung, die eigenständig über bestimmte Gesetze und Bereiche wie das Erziehungs- und Schulwesen entscheidet, während die Bundesregierung für alle nationalen und internationalen Belange zuständig ist. Die Regierung der USA liegt beim Kongress, der aus dem Senat und dem Repräsentantenhaus besteht. Alle Kongressmitglieder werden direkt vom Volk gewählt. An der Spitze der Vereinigten Staaten steht der Präsident, der in einer gesonderten Wahl bestimmt wird und nicht unbedingt der Mehrheitspartei im Kongress angehören muss.

Die europäischen Länder haben ihre eigenen Regierungen, aber manche von ihnen gehören der Europäischen Union (EU) an. Das Ziel der EU ist die Einigung der Mitgliedstaaten auf politischem, sozialem und wirtschaftlichem Gebiet. Die EU wird von einer Kommission geleitet, die dem Ministerrat untersteht.

Das Kapitol in Washington DC ist der Sitz der amerikanischen Bundesregierung.

MENSCHEN

UNO-Flagge

EU-Flagge

NATO-Flagge

OAU-Flagge   Flagge der Arabischen Liga

DIE VEREINTEN NATIONEN

Die Vereinten Nationen (UNO) wurden mit dem Ziel ins Leben gerufen, den Weltfrieden zu sichern und die internationale Zusammenarbeit zu fördern. Seit ihrer Gründung 1945 hat sich die UNO zu einer weltweiten Organisation mit 189 Mitgliedstaaten entwickelt, die jeweils einen Sitz in der Generalversammlung haben. Der Sicherheitsrat, der in Krisenzeiten Beschlüsse fasst, besteht aus fünf ständigen Mitgliedern (USA, Russland, Großbritannien, Frankreich, China). Die UN-Friedenstruppen haben die Aufgabe, in Kriegsgebieten dafür zu sorgen, dass Waffenstillstands- und Friedensabkommen eingehalten werden.

Weitere internationale Organisationen sind die NATO (Nordatlantikpakt), die Arabische Liga und die OAU (Organisation für die Afrikanische Einheit). Die NATO entstand 1949 während der Ära des Kalten Krieges als Verteidigungsbündnis des Westens gegen die damalige Sowjetunion. Die Arabische Liga wurde 1945 gegründet, um die Zusammenarbeit zwischen den Araberstaaten zu verbessern. Die OAU ist ein seit 1963 bestehender Zusammenschluss afrikanischer Länder. Die GUS (Gemeinschaft Unabhängiger Staaten) entstand 1991 aus ehemaligen Sowjetrepubliken.

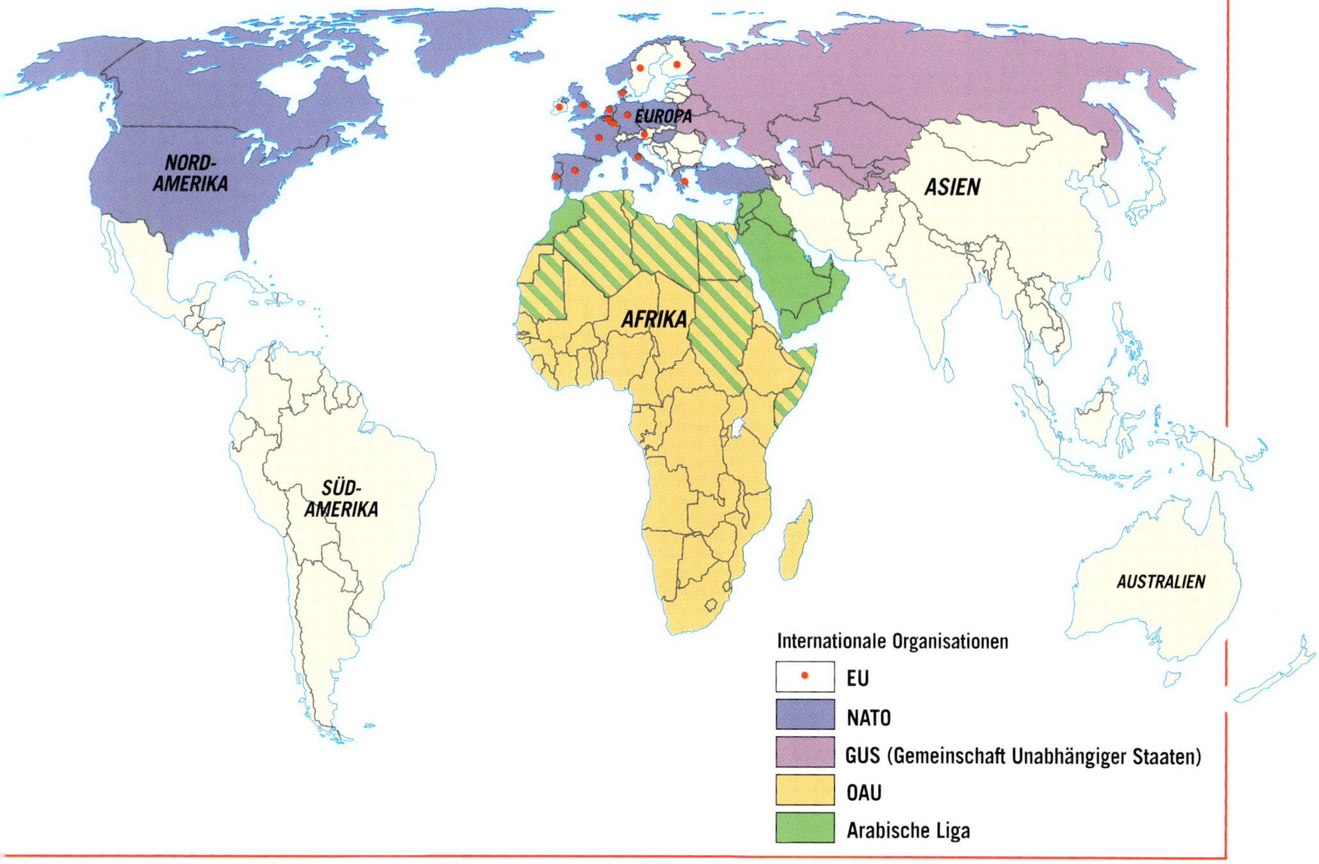

Internationale Organisationen
- • EU
- NATO
- GUS (Gemeinschaft Unabhängiger Staaten)
- OAU
- Arabische Liga

MENSCHEN

VOLKSGRUPPEN

DIE URHEIMAT der Menschen war, wie man heute annimmt, das südliche Afrika. Von dort aus zogen sie nach und nach auch in andere Gebiete, bis sie sich vor etwa 30 000 Jahren auf allen Kontinenten mit Ausnahme der Antarktis ausgebreitet hatten.

Mit der Besiedlung der unterschiedlichen Lebensräume bildete sich eine Reihe von ethnischen Gruppen heraus. Darunter versteht man große Volksgemeinschaften, deren Angehörige sich in Aussehen, Sprache, Religion und anderen Dingen ähneln. Zuerst entwickelten die Menschen Sprachen, um sich untereinander zu verständigen. Später folgten dann Kulturmerkmale wie Kunst und Religion.

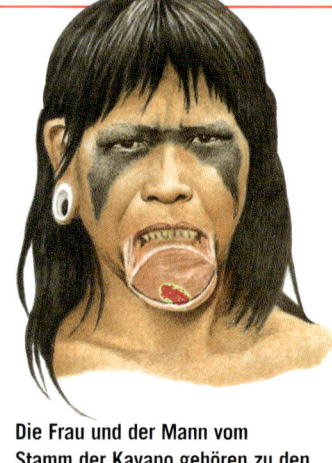

Die Frau und der Mann vom Stamm der Kayapo gehören zu den indianischen Ureinwohnern Südamerikas. Beide haben ihre traditionelle Lebensweise beibehalten.

Dieser Mann *(rechts)* kommt aus Äthiopien in Ostafrika, einem Land mit mehr als 70 ethnischen Gruppen. Hauptreligionen sind das Christentum und der Islam. Neben der Amtssprache Amharisch gibt es drei weitere Sprachen.

Das Efe-Mädchen *(rechts)* lebt im Kongo, einem Land mit tropischen Regenwäldern in Zentralafrika. Die Efe sind ein Wandervolk (Nomaden) von Jägern und Sammlern und gehören zu den Pygmäen, einer extrem kleinwüchsigen Rasse.

Dieser Junge *(rechts)* stammt aus Nigeria in Westafrika, wo es über 250 verschiedene ethnische Gruppen gibt. Gut die Hälfte der Bevölkerung setzt sich aus Stämmen der Haussa, Fulani, Yoruba und Ibo zusammen. Im Norden ist der Islam verbreitet, im Süden überwiegen das Christentum und andere Religionen.

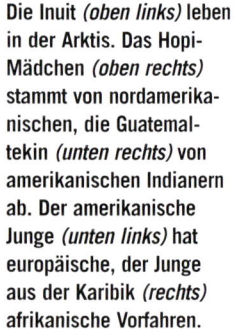

Die Inuit *(oben links)* leben in der Arktis. Das Hopi-Mädchen *(oben rechts)* stammt von nordamerikanischen, die Guatemaltekin *(unten rechts)* von amerikanischen Indianern ab. Der amerikanische Junge *(unten links)* hat europäische, der Junge aus der Karibik *(rechts)* afrikanische Vorfahren.

MENSCHEN

Völkerwanderungen hat es im Lauf der Geschichte immer gegeben, ausgelöst durch Kriege, Naturkatastrophen wie Überschwemmungen und Dürren oder ganz einfach den Wunsch nach besseren Lebensbedingungen. Volksgruppen, die sich in einem neuen Land ansiedeln, bringen häufig ihre eigenen Religionen und Kulturen mit. So sind die USA mit ihren Einwanderern aus allen Teilen der Welt heute eine multikulturelle Nation.

Dieses Jakuten-Mädchen lebt im Nordosten Sibiriens, einer der kältesten Gegenden der Erde. Die Jakuten zogen früher mit ihren Rentierherden umher, aber heute sind viele von ihnen sesshaft geworden und verdienen ihren Lebensunterhalt im Bergwerk, als Fallensteller und – vor allem im Süden – als Bauern.

Ein Lappen-Junge *(links)* aus Norwegen in Nordeuropa und ein Zigeunermädchen aus dem Süden.

Die Heimat dieses Mädchens ist die indonesische Insel Bali. Die Bevölkerung Indonesiens besteht aus mehr als 300 ethnischen Gruppen, die meisten davon malaiischer Herkunft. Es gibt 583 regionale Sprachen und Dialekte. Die vier Hauptreligionen Indonesiens sind Islam, Christentum, Buddhismus und Hinduismus *(siehe Seiten 18-23)*.

In manchen entlegenen Teilen der Welt leben die Menschen heute noch so wie vor Jahrtausenden, obwohl fast alle in irgendeiner Form von der modernen Zivilisation beeinflusst sind. So jagen und fischen manche Indianerstämme im Amazonas-Regenwald noch genauso wie ihre Vorfahren.

Bei den Padaung-Mädchen im Süden von Myanmar (Birma) ist es Brauch, den Hals von frühester Kindheit an durch Messingdraht-Ringe zu strecken. Manche dieser „Giraffenfrauen", die auch an Armen und Beinen schweren Messingschmuck tragen, bringen es auf Halslängen bis zu 40 Zentimetern.

Diese Menschen stammen aus Asien. Der Junge *(rechts)* kommt aus Oman. Die Kurdin *(unten links)* lebt in Kurdistan, einer Gebirgsregion an der Grenze zwischen Türkei, Iran und Irak. Das Mädchen *(unten rechts)* gehört zu einer der zahlreichen ethnischen Gruppen in Indien.

Dieser Aborigine ist ein Nachfahre von asiatischen Volksgruppen, die vor etwa 50 000 Jahren über Neuguinea nach Australien kamen. Die Ureinwohner Australiens gingen mit Speer und Bumerang auf die Jagd und achteten sehr darauf, im Einklang mit der Natur zu leben. Die europäischen Siedler, die vor etwa 200 Jahren ins Land kamen, vertrieben sie aus ihren Jagdgründen, zerstörten ihre heiligen Stätten und töteten viele von ihnen. Heute leben die meisten Aborigines in Städten.

11

MENSCHEN

WELTSPRACHEN

WIE VIELE Sprachen es heute auf der Welt gibt, weiß niemand genau, aber es könnten bis zu 6000 sein. 90 Prozent davon werden von sehr kleinen Volksgruppen gesprochen und sind daher vom Aussterben bedroht. Mehr als ein Drittel der Weltbevölkerung verwendet eine der folgenden fünf Sprachen: Chinesisch, Englisch, Hindi, Spanisch und Russisch. Das Sprechen entwickelte sich als Mittel zur Verständigung. Mit der Besiedlung neuer Lebensräume – oft als Folge von Invasionen und Eroberungen – entstanden unterschiedliche Sprachen und breiteten sich aus.

Heute kennt man mehrere Sprachfamilien *(siehe Karte rechts)*. Die meisten europäischen sowie viele südwestasiatische und indische Sprachen gehören zur indogermanischen – von der neueren Forschung meist als indoeuropäisch bezeichneten – Sprachfamilie. Die insgesamt über 80 Sprachen entwickelten sich aus einer gemeinsamen Wurzel und nahmen ihren Ursprung wahrscheinlich vor etwa 6000 Jahren bei Bauernvölkern in Osteuropa. Als sich diese Völker über immer größere Gebiete verteilten, ging der Kontakt und im Lauf der Zeit auch das gegenseitige Verstehen verloren.

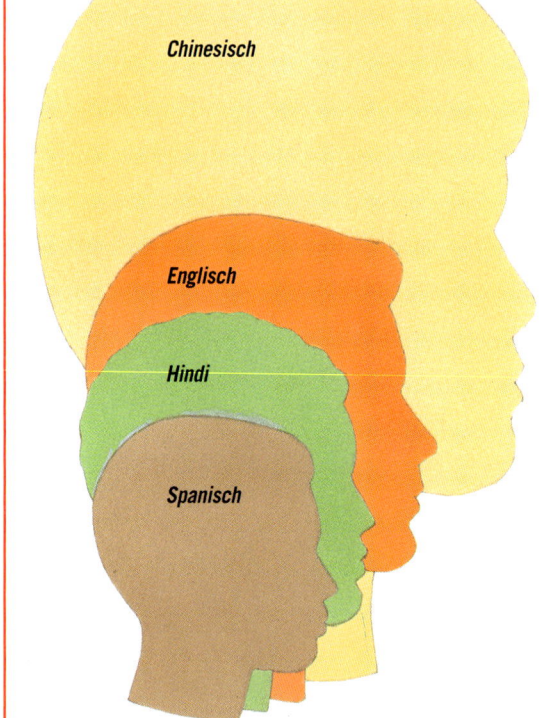

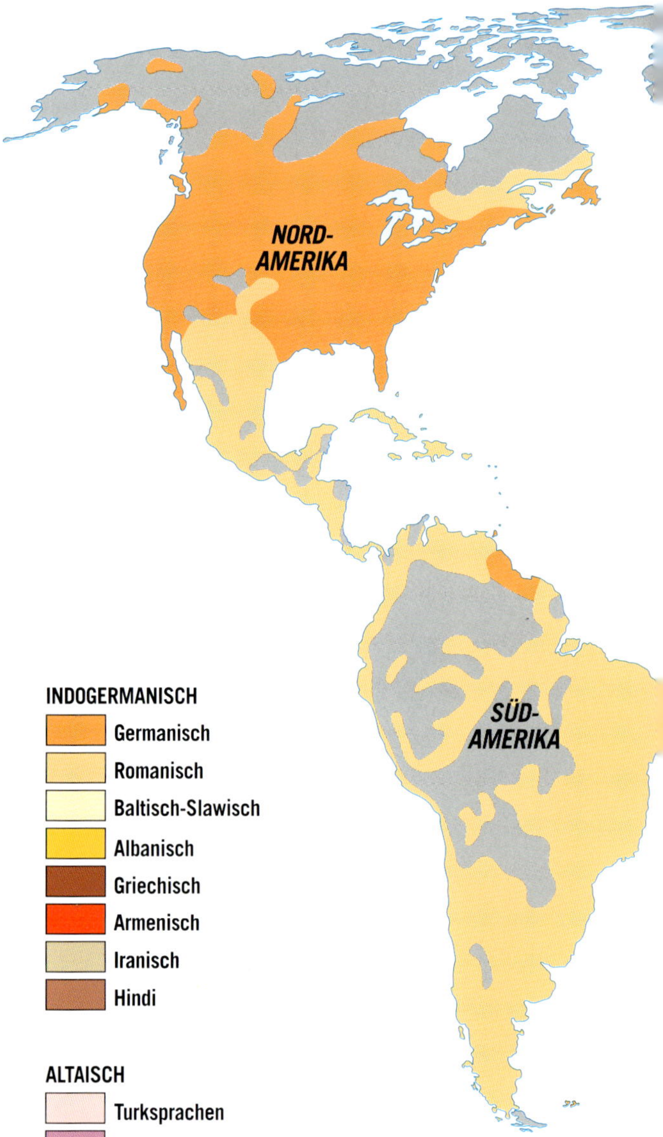

INDOGERMANISCH
- Germanisch
- Romanisch
- Baltisch-Slawisch
- Albanisch
- Griechisch
- Armenisch
- Iranisch
- Hindi

ALTAISCH
- Turksprachen
- Mongolisch
- Mandschu-Tungusisch
- Japanisch und Koreanisch

Die vier meistverbreiteten Erstsprachen *(links)* sind: Chinesisch – über eine Milliarde Menschen; Englisch – 450 Millionen Menschen; Hindi – 400 Millionen Menschen; und Spanisch – 350 Millionen Menschen.

Mehr als 800 Dialekte gibt es auf den Inseln von Papua-Neuguinea, der Heimat dieses Jungen *(rechts)*.

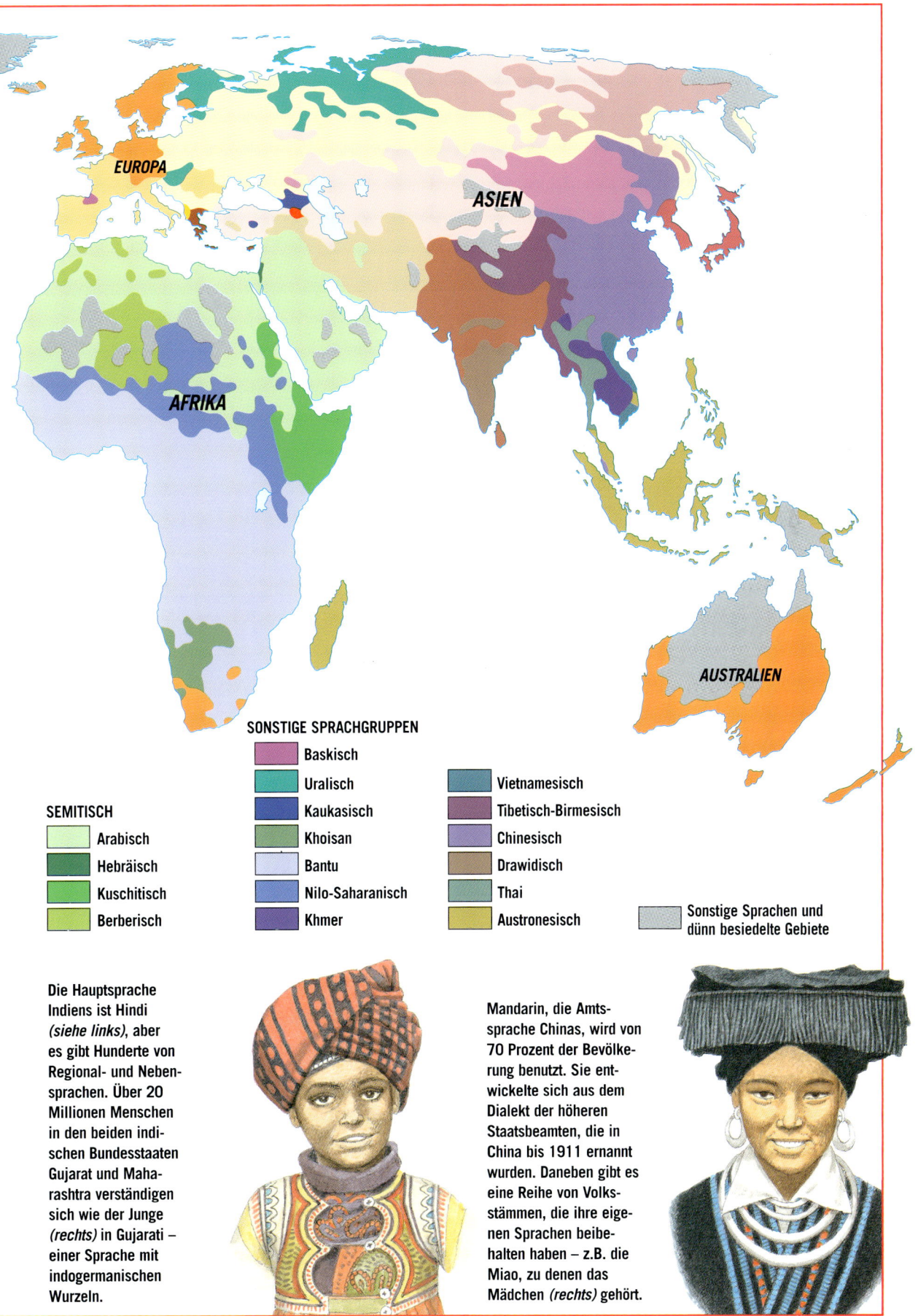

Schriften und Alphabete

MIT DER Ausbreitung der Sprachen und Zivilisationen wuchs die Notwendigkeit, bestimmte Dinge aufzuschreiben. Die älteste bekannte Schrift wurde vor etwa 5500 Jahren von den Sumerern erfunden, die in Mesopotamien (im heutigen Irak) lebten. Sie ritzten mit dreikantig zugespitzten Binsen Bilder und Zeichen in feuchten Ton, die keilförmige Eindrücke hinterließen. Man spricht deshalb von der sumerischen Keilschrift.

Die alten Ägypter hatten eine Bilderschrift mit sehr vielen Zeichen, die man als Hieroglyphen bezeichnet. Aus diesem komplizierten System entwickelten sie später eine vereinfachte Form, die so genannte hieratische Schrift. Die Maya, deren Kultur zwischen 300 und 900 n. Chr. in Zentralamerika blühte, meißelten ebenfalls Bildzeichen in Stein.

Ein Alphabet verwendet für jedes einzelne Lautzeichen einen eigenen Buchstaben. Mit Buchstaben lässt sich wesentlich schneller schreiben als mit Hunderten von verschiedenen Bildzeichen. Die ersten Menschen, die ein Alphabet benutzten, waren die Kanaaniter, die vor etwa 3000 Jahren an der Ostküste des Mittelmeers lebten. Ihre Schrift, die aus nicht mehr als 18 Buchstaben bestand, bildete die Grundlage für die Alphabete der Hebräer, Araber, Hindi und Phöniker. Die alten Griechen übernahmen das Alphabet der Phöniker, fügten aber Selbstlaute (Vokale) hinzu. Das lateinische Alphabet der Römer, das bis heute in der westlichen Welt verwendet wird, entwickelte sich aus einer späteren griechischen Fassung. Das in Russland und einigen osteuropäischen Ländern übliche kyrillische Alphabet stammt ebenfalls vom griechischen Alphabet ab.

Kanaanitisch	Modern
⌐	A
⌐	B
L	C
⋈	D
⚲	E
⚲	F
III	H
⋂	I
⋓	K
~	L
⌇	M
⌇	N
⦿	O
⌐	P
8	Q
℘	R
⌒	S
×	T

Die Chinesen und Japaner verwenden immer noch Schriftzeichen, die sich von einer alten Bilderschrift ableiten. Sie stellen ganze Wörter oder Silben dar und werden mit Pinsel und Tusche zu Papier gebracht. Viel häufiger sind heute jedoch Buchstaben-

Ein japanischer Junge übt sich in der Kalligrafie oder Schönschreibkunst in einer „juku" genannten Schule.

Alphabete. Am weitesten verbreitet ist das von links nach rechts geschriebene lateinische Alphabet. Daneben gibt es das von rechts nach links geschriebene arabische Alphabet mit 28 Buchstaben und das nordindische Devanagari-Alphabet mit 46 Buchstaben.

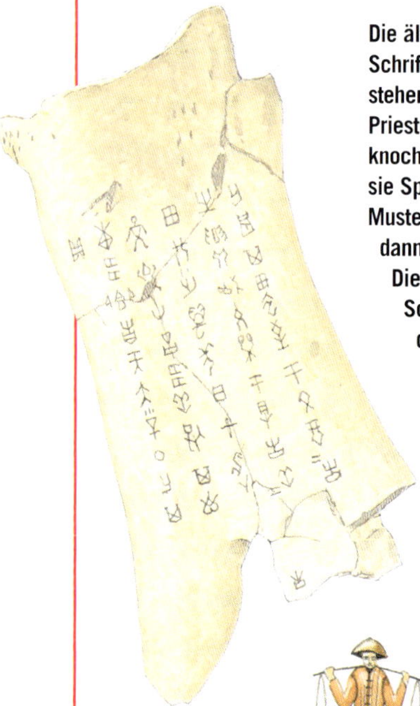

Die ältesten chinesischen Schriftzeichen, die wir kennen, stehen auf Orakelknochen. Priester ritzten Fragen in Tierknochen und erhitzten diese, bis sie Sprünge bekamen. Aus dem Muster der Sprünge deuteten sie dann die Antworten der Götter. Die moderne chinesische Schrift entwickelte sich aus diesen uralten Bildzeichen oder Piktogrammen. Die Beispiele unten zeigen, wie sich die Symbole im Lauf der Jahrtausende veränderten.

Piktogramm   Modernes Schriftzeichen

Mensch

Vogel

Beispiele für Schriften in verschiedenen Sprachen sind unten angeführt. Sie alle bedeuten das Wort „Buch". In Hindi, Griechisch, Russisch und Arabisch werden eigene Alphabete verwendet. Andere Sprachen benutzen zwar die lateinische Schrift, markieren jedoch die Betonung oder Aussprache von bestimmten Buchstaben mit Akzenten.

Das Zusammenfügen von Symbolen oder Buchstaben zu Wörtern und Sätzen war eine Errungenschaft, die es der Menschheit ermöglichte, ihre Geschichte für die Nachwelt festzuhalten und Legenden, Gedichte oder Theaterstücke niederzuschreiben.

Buch
Deutsch

Kőnyv — **Ungarisch**

βιβλίο — **Griechisch**

Nángseŭh — **Thailändisch**

книга — **Russisch**

Kitabu — **Suaheli**

書 — **Chinesisch**

 — **Hindi**

 — **Arabisch**

Dieser Junge, der von den Ureinwohnern Südafrikas abstammt, spricht einen Dialekt der Khoisan-Sprachfamilie. Zu dieser Gruppe, deren besondere Merkmale Schnalz- und Klicklaute mit Zunge und Lippen sind, gehört auch die Sprache der San, die im Buschland der Kalahari leben. Dagegen zählt Zulu, eine südafrikanische Sprache mit 15 verschiedenen Klick-Konsonanten, zu den Bantusprachen.

Viele Sprachen haben sich im Lauf der Zeit durch Einflüsse von außen verändert. So nahm das Englisch, das wir heute kennen, eine Reihe von Begriffen aus anderen Kulturen auf. Neben einigen lateinischen Ausdrücken aus der Zeit, als England ein Teil des Römischen Reiches war, enthält es viele Wörter aus dem Französischen, der Sprache der englischen Herrscherschicht seit dem Sieg der Normannen im Jahr 1066.

Romanische Sprachen wie Spanisch, Italienisch, Portugiesisch oder Rumänisch klingen alle sehr ähnlich, da sie von Latein abstammen, der Sprache des Römischen Reiches, zu dem Spanien, Italien, Frankreich, Portugal und Rumänien einst gehörten.

Taube Menschen müssen sich verständigen, obwohl sie nichts hören können. Viele von ihnen versuchen die Worte von den Mundbewegungen des Sprechenden herzuleiten – eine Fertigkeit, die man als Lippenlesen bezeichnet. Andere erlernen eine besondere Gebärdensprache für Gehörlose, die sich von Land zu Land unterscheidet. Für manche Begriffe wie Ländernamen gelten jedoch überall die gleichen Zeichen *(unten)*.

„Japan"

„Dänemark"

„USA"

RELIGIONEN

WELTRELIGIONEN

ES GIBT auf der Erde viele verschiedene Religionen. Zu den Glaubensrichtungen, die sich weit über ihre Ursprungsgebiete hinaus verbreiteten und heute überall auf der Welt ihre Anhänger haben, gehören Christen- und Judentum, Islam, Buddhismus, Hinduismus und Sikhismus.

Eine Religion hilft den Menschen, das Weltgeschehen und die eigene Existenz besser zu begreifen. Die meisten religiösen Menschen glauben an Götter. Im Juden- und Christentum sowie im Islam verehren die Gläubigen einen einzigen Gott. In anderen Religionen wie dem Hinduismus oder dem japanischen Shintoismus gibt es dagegen viele Götter.

Bereits in grauer Vorzeit waren die Menschen davon überzeugt, dass eine unsichtbare höhere Macht die Welt erschaffen hat. Bei vielen der alten Glaubenskulte standen lebenspendende Naturelemente im Mittelpunkt. Die Menschen beteten Sonnen- und Regengötter an und brachten ihnen Opfer dar, damit sie die Ernte wachsen und gedeihen ließen.

Die heutigen Weltreligionen weisen Unterschiede, aber auch viele Gemeinsamkeiten auf. So befolgen ihre Anhänger festgesetzte Rituale und feiern bestimmte religiöse Feste. Sie treffen sich in Kirchen, Synagogen, Moscheen oder Tempeln zum Gebet, und in fast jeder Religion gibt es Priester, die Predigten und Gottesdienste abhalten.

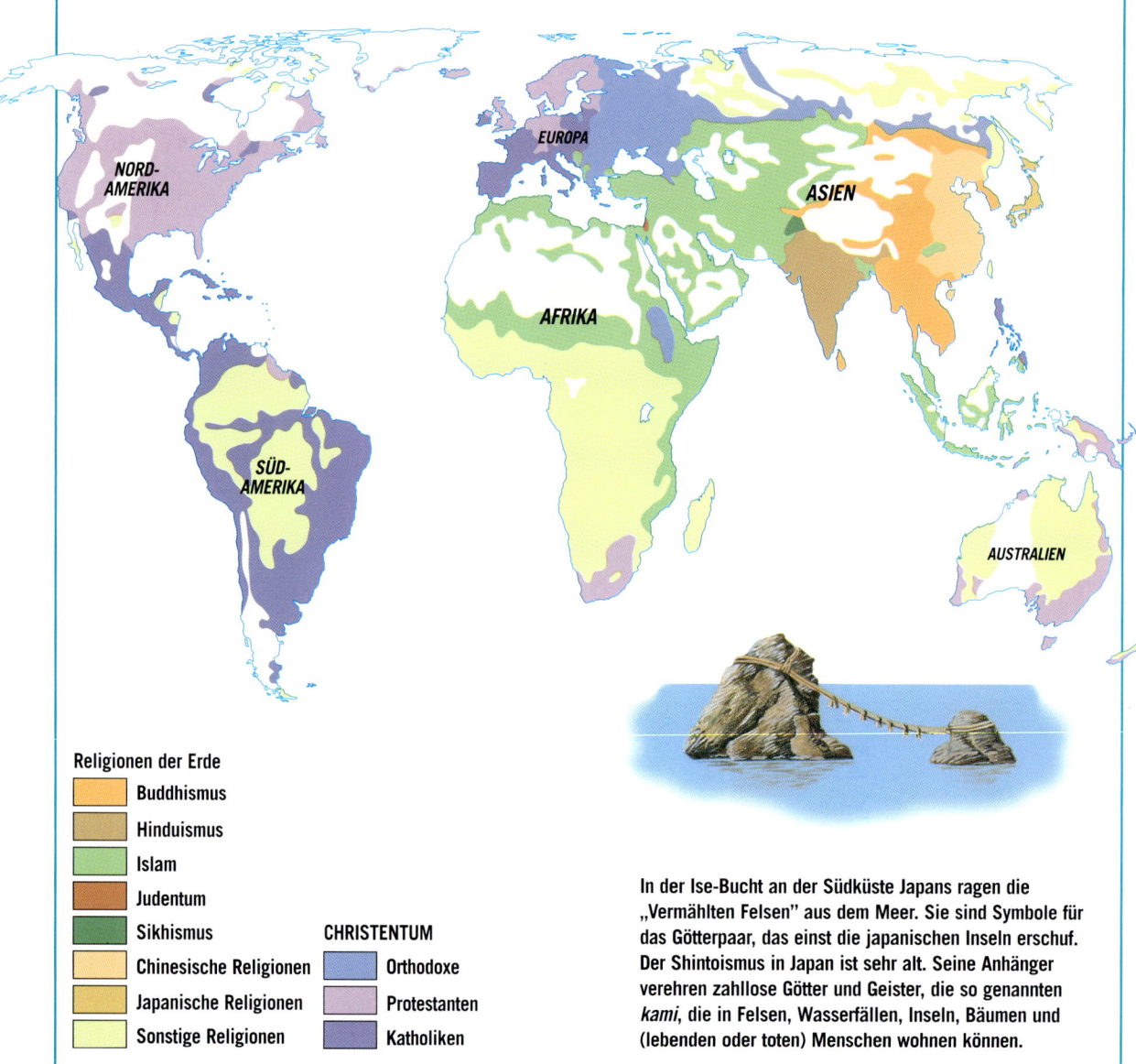

Religionen der Erde
- Buddhismus
- Hinduismus
- Islam
- Judentum
- Sikhismus
- Chinesische Religionen
- Japanische Religionen
- Sonstige Religionen

CHRISTENTUM
- Orthodoxe
- Protestanten
- Katholiken

In der Ise-Bucht an der Südküste Japans ragen die „Vermählten Felsen" aus dem Meer. Sie sind Symbole für das Götterpaar, das einst die japanischen Inseln erschuf. Der Shintoismus in Japan ist sehr alt. Seine Anhänger verehren zahllose Götter und Geister, die so genannten *kami*, die in Felsen, Wasserfällen, Inseln, Bäumen und (lebenden oder toten) Menschen wohnen können.

RELIGIONEN

JUDENTUM

DAS Judentum ist die Religion des jüdischen Volkes. Seine Anhänger glauben an einen Gott, der Himmel und Erde erschuf. Gott hat einen Bund mit allen, die das Gute anstreben. Das heilige Buch des Judentums ist die Hebräische Bibel (das Alte Testament der christlichen Bibel). Sie enthält die Thora mit den Gottesgesetzen, die das religiöse Leben der Juden regeln, und erinnert ebenso wie die vielen jüdischen Feste an Ereignisse in der Geschichte des Landes Israel, aus dem die Juden ursprünglich kamen.

Dieser Junge trägt die traditionellen Seitenlocken der streng gläubigen Juden. Männer und Jungen, die bereits ihr Bar-Mizwa (feierliche Aufnahme in die jüdische Glaubensgemeinschaft) hinter sich haben, tragen in der Synagoge ein Gebetskäppchen *(Kippa)* und einen Gebetsumhang aus Seide oder Wolle *(Tallit).*

Der Samstag oder Sabbat gilt seit alters als Tag der Arbeitsruhe und geistigen Erneuerung. Die Gläubigen besuchen die Synagoge und nehmen an einem Gottesdienst teil, den der Rabbiner ihrer Gemeinde abhält.

Dieser Jude gehört zu den Chassidim (hebräisch „die Frommen"). Diese im 18. Jahrhundert gegründete Bewegung hatte besonders viele Anhänger in Polen. Aus diesem Grund tragen chassidische Juden bis heute die polnische Tracht aus der Zeit um 1700. Der Mann steht vor der Klagemauer von Jerusalem, dem einzigen bis heute erhaltenen Teil des ersten Tempels, an dem sich viele Juden zum Gebet einfinden. Jerusalem ist nicht nur für die Juden, sondern auch für die Christen und Muslime eine wichtige Glaubensstätte.

SIKHISMUS

DIE meisten Sikhs sind im indischen Pandschab beheimatet. Ihre heilige Stadt ist Amritsar. Sikhs folgen den Lehren von zehn Gurus oder „heiligen Männern", die alle zwischen 1469 und 1708 lebten. Der erste Guru und Gründer des Sikhismus hieß Nanak und war ursprünglich Hindu *(siehe Seite 18)*. Guru Nanak glaubte, dass Zeremonien und Rituale zu Zwietracht unter den Anhängern verschiedener Religionen führten und nur von den wichtigen Dingen wie dem menschlichen Verhalten und Glauben ablenkten. Die Gurus, die seine Nachfolge antraten, verbreiteten seine Lehre.

Die Lehren der Gurus sind in den Adigrantha, dem heiligen Buch der Sikhs, gesammelt.

Die Sikhs glauben an einen Gott, der das Weltall erschuf. Sie beten an *Gurdwaras* oder „heiligen Orten". Im Sikhismus gibt es keine Priester. Vorleser, die *Granthi*, halten Gottesdienste ab und lesen aus dem heiligen Buch *Adigrantha* vor, aber jedes Gemeindemitglied hat das Recht, während eines Gottesdienstes das Wort zu ergreifen. Heute leben Sikhs auf der ganzen Welt verstreut und begehen ihren Ruhe- oder Feiertag nach den Traditionen der neuen Heimat.

Sikhs tragen fünf besondere Symbole, die als die Fünf Ks bezeichnet werden: *Kesh* (ungeschnittenes Haar), *Kanga* (Kamm), *Kachera* (Unterhose), *Kara* (Band um das Handgelenk) und *Kirpan* (Schwert).

17

HINDUISMUS

DER HINDUISMUS entstand vor mehr als 4000 Jahren in Indien und ist eine der ältesten Religionen auf der Welt. Hindus glauben an eine sittliche Weltordnung (Dharma). Jedes Lebewesen hat eine Seele, die dem Kreislauf von Geburt, Tod und Wiedergeburt unterliegt und dabei zahllose Existenzen durchläuft. Die guten oder bösen Taten (Karma) in diesem Leben bestimmen das nächste Leben.

Shiva hält sich nach dem Glauben der Hindus meist an Orten des Schreckens auf, wird aber auch als Heilbringer verehrt. Daneben stellt man ihn häufig als „Herr des Tanzes" und „Herr der Tiere" dar. Seine Gemahlin Parvati gilt als Beschützerin der Ehe.

Der Hinduismus kennt viele Götter, die allesamt Erscheinungsformen des höchsten Geistes Brahman sind. Als Hauptgötter gelten Brahma, der Schöpfer, Vishnu, der Bewahrer, und Shiva, der Zerstörer.

Eine hinduistische Gebetsstätte heißt *Mandir*, wird jedoch heute meist als Tempel bezeichnet. Diese Tempel gibt es überall auf der Welt, wo sich Hindus niedergelassen haben. Viele sind reich mit Ornamenten und Skulpturen geschmückt. Jeder Tempel hat seine Priester, die Gottesdienste abhalten und sich um die heiligen Bildnisse der Götter kümmern.

Für Hindus ist der Ganges, der Nordindien und Bangladesch durchfließt, ein heiliger Strom. Da sie glauben, dass ein Bad in seinen Fluten sie von ihren Sünden reinigt, pilgern sie zu Millionen in die heilige Stadt Benares (heute Varanasi) am Ganges. Benares ist eine der ältesten Städte Indiens. Das Ufer wird von besonderen Stufen oder *Ghats* gesäumt, die den Pilgern den Einstieg in den Fluss erleichtern *(oben)*. Die meisten nehmen etwas von dem segensreichen Wasser mit auf die Heimreise.

Aus dem 12. Jahrhundert stammt der Hindu-Tempel Angkor Vat in Kambodscha.

BUDDHISMUS

BUDDHISTEN beten keine Gottheit an, sondern befolgen die Lehren des indischen Prinzen Siddhartha Gautama (ca. 563–483 v. Chr.). Siddharta führte ein Luxusleben im Palast seines Vaters, sah aber viel Leid ringsum und verließ deshalb sein Elternhaus, um nach der wahren Erkenntnis zu suchen. Sechs Jahre zog er als Bettler umher und lauschte den Worten heiliger Männer. Dann ließ er sich eines Tages unter einem Feigenbaum nieder und beschloss, nicht eher aufzustehen, bis er das *Nirwana* oder die Erleuchtung erlangt hatte. (Buddha bedeutet „der Erleuchtete".) Nach 49 Tagen begriff er endlich die Natur des Leidens und sah einen Weg, die Menschen zu Harmonie und Frieden zu führen. Den Rest seines Lebens verbrachte er damit, durch das Land zu reisen und seine Lehre zu verkünden.

In der Anfangszeit gab es keine Buddha-Darstellungen. Heute haben die meisten Buddhisten Hausaltäre mit kleinen Buddhastatuen. Der Amida-Buddha *(rechts)* in der japanischen Stadt Ushiku ist mit 120 m die höchste Statue der Welt und enthält Meditations- und Studienräume. Daneben gibt es Buddhas in sitzender und liegender Haltung wie die berühmte Skulptur von Polonnaruwa auf Sri Lanka *(unten)*.

Buddha lehrte die „vier edlen Wahrheiten": 1. Alles Leben ist leidvoll. 2. Das Leiden entsteht durch Gier. 3. Die Überwindung der Gier nach materiellen Dingen beendet das Leiden. 4. Zur Aufhebung des Leidens führt ein Pfad.

Der goldene Stupa von Yangon in Myanmar (Birma) *(unten)*. Ein Stupa ist ein Kuppelbau zur Aufnahme heiliger Texte und Reliquien. Es heißt, dass Buddhas Asche auf acht Stupas in Indien verteilt wurde.

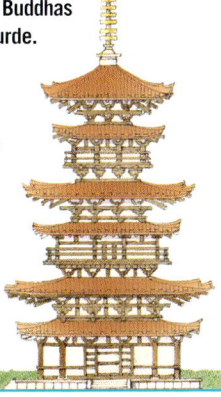

Die Yakushi-Pagode *(rechts)* in Japan ist ein buddhistischer Schrein.

Heute gibt es an die 400 Millionen Buddhisten, die meisten davon im Fernen Osten. Buddhistische Mönche und Nonnen führen ein schlichtes Leben, das ganz darauf ausgerichtet ist, den Menschen die Lehren Buddhas näher zu bringen. Sie halten Andachten ab und betreuen die Gläubigen, die in ihre Tempel und Klöster kommen, um zu meditieren und Buddha, der ihr Lehrer und Vorbild ist, zu verehren. Buddhas Lehren wurden etwa 300 Jahre nach seinem Tod niedergeschrieben.

Heute gibt es zwei Hauptzweige des Buddhismus, die Theravada- und die Mahajana-Lehre. Sie unterscheiden sich in manchen Dingen, haben aber eines gemeinsam: Buddhas Geburtstag, Erleuchtung und Todestag sind die wichtigsten Festtage des Jahres.

CHRISTENTUM

DIE CHRISTEN glauben an einen einzigen Gott, der seinen Sohn Jesus Christus auf die Erde sandte, um die Menschheit durch den eigenen Opfertod von der Sünde zu erlösen. Die Heilige Schrift der Christen ist die Bibel. Sie enthält das Alte Testament, auch Hebräische Bibel genannt *(siehe Seite 17)*, und das Neue Testament, in dem vom Leben und Wirken Jesu und seiner Jünger berichtet wird.

Jesus wurde um das Jahr 4 vor unserer Zeitrechnung in Judäa geboren, das damals zum Römischen Reich gehörte. Er predigte seinen Mitmenschen Liebe und Vergebung von Schuld und scharte rasch Anhänger um sich, zog sich aber die Feindschaft der jüdischen Priester zu.

DER CHRISTLICHE KALENDER

Dreikönigstag: 6. Januar
Septuagesima-Sonntag: Der 1. Sonntag der Vorfastenzeit (9. Sonntag vor Ostern)
Aschermittwoch: Beginn der Fasten- oder Bußzeit (7. Mittwoch vor Ostern)
Mariä Verkündigung: 25. März
Passionssonntag: 2. Sonntag vor Ostern
Palmsonntag: 1. Sonntag vor Ostern
Gründonnerstag: 1. Donnerstag vor Ostern
Karfreitag: 1. Freitag vor Ostern
Karsamstag: 1. Samstag vor Ostern
Ostersonntag: 1. Sonntag nach dem ersten Frühlingsvollmond
Orthodoxes Osterfest: 1. Sonntag nach Ostern
Christi Himmelfahrt: 40 Tage nach Ostern
Pfingstsonntag: 50 Tage nach Ostern
Fronleichnam: 2. Donnerstag nach Pfingsten
Mariä Himmelfahrt: 15. August
Allerheiligen: 1. November
Erster Advent: 4. Sonntag vor Weihnachten (Beginn des Kirchenjahres)
Heiligabend: 24. Dezember

Maria und Josef auf dem Weg nach Bethlehem, wo Jesus in einem Stall zur Welt kam.

Schließlich bewirkten die Priester beim römischen Statthalter, dass er zum Tod am Kreuz verurteilt wurde. Aber seine Jünger, allen voran der Heilige Paulus, verkündeten die christliche Botschaft im gesamten Römischen Reich. Die Christen wurden von den römischen Herrschern lange Zeit verfolgt, bis Kaiser Konstantin (274–337 n. Chr.) den neuen Glauben selbst annahm und ihn zur Staatsreligion machte. Nach dem Untergang des Römischen Reiches breitete sich die Lehre Jesu rasch in den neu entstandenen Reichen Europas aus. Immer mehr Völker bekannten sich zum Christentum.

Im Lauf der Jahrhunderte bereisten Missionare die ganze Welt, um die Menschen zu bekehren, und so gibt es heute auf der Erde mehr als eine Milliarde Christen.

Von den sieben Sakramenten der Katholiken erkennen die Protestanten nur Taufe und Kommunion an. Bei der Kommunion, die an das Letzte Abendmahl Jesu mit seinen Jüngern erinnert, teilen die Gläubigen geweihtes Brot und Wein. Mit der Taufe, dem symbolischen Reinwaschen von Sünden *(unten)*, wird ein Mensch in die christliche Gemeinschaft aufgenommen.

RELIGIONEN

Die Sophien-Kathedrale im ukrainischen Kiew ist eine Kirche der Orthodoxen.

Christen versammeln sich zur Andacht in Kirchen. Ein Gotteshaus an einem Bischofssitz nennt man Kathedrale, Münster oder Dom. Es gibt Kirchen aller Baustile, aber die meisten haben einen Turm, manche auch mehrere. Den höchsten Kirchturm der Welt (161 m) besitzt das Ulmer Münster, das zwischen 1377 und 1890 erbaut wurde.

Kardinäle *(unten)* sind nach dem Papst die ranghöchsten Würdenträger der katholischen Kirche, deren Zentrum der Vatikan in Rom ist.

Das Christentum zerfällt heute in drei Zweige – den katholischen, evangelischen (protestantischen) und ostkirchlichen (orthodoxen) – die in der grundsätzlichen Lehre übereinstimmen, sich aber durch einzelne Auslegungen unterscheiden. So gilt in der katholischen Kirche der Papst als höchste, unfehlbare Autorität, während bei den Orthodoxen die Bischöfe an erster Stelle stehen. Die Protestanten erkennen nur das Zeugnis der Bibel an. Christliche Gedenktage gibt es das ganze Jahr über, doch die beiden wichtigsten sind das Weihnachtsfest, das an die Geburt Jesu erinnert, und das Osterfest, an dem nach christlichem Glauben Jesus von den Toten auferstand.

Der Papst, das Oberhaupt der katholischen Kirche, hat seinen Amts- und Wohnsitz im Vatikan. Vom Balkon der Peterskirche segnet er die Gläubigen auf dem Petersplatz.

21

ISLAM

DIE ANHÄNGER des Islam – das Wort bedeutet „Ergebung in Gottes Willen" – nennt man Moslems oder Muslime. Religionsgründer war der Prophet Mohammed, der 570 n. Chr. in der Stadt Mekka (im heutigen Saudi-Arabien) geboren wurde. Der Überlieferung nach erschien ihm der Engel Gabriel, als er sich zur Andacht in eine Höhle am Berg Hira begeben hatte. Er offenbarte ihm, dass es nur einen Gott namens Allah gäbe, und dass er, Mohammed, dazu ausersehen sei, als Prophet die Botschaft des Herrn zu verkünden.

Mohammed begann in Mekka zu predigen, aber seine Lehren stießen auf Ablehnung. Im Jahr 622 n. Chr. musste der Prophet mit seinen Anhängern die Stadt verlassen. Er floh in die Oasenstadt Jathrib, die später in Medina, „die Stadt des Propheten", umbenannt wurde. Diese als Hedschra (Hidjra) bezeichnete Flucht gilt als Beginn der islamischen Zeitrechnung.

In Medina gewann Mohammed bald weltliche und geistliche Anerkennung als Prophet. Seine Botschaft lautete, dass alle Menschen in Frieden zusammen leben sollten. Die Worte Allahs, die Mohammed an das Volk übermittelte, wurden im Koran (Qur'an) gesammelt, einer heiligen Schrift, deren Gebote alle Muslime befolgen müssen.

ISLAMISCHE FESTTAGE

- 1. Muharram: *Hedschra* (Neujahrstag des muslimischen Kalenders)
- 10. Muharram: *Aschura* (Gedenken an Mohammeds Enkel Husain, der 680 in Kerbela den Märtyrertod starb
- 12. Rabi al-Awwal: *Maulid an-Nabi* (Geburtstag des Propheten Mohammed)
- 27. Radjab: *Lailat al-Miradj* (Himmelsreise des Propheten Mohammed)
- 27. Ramadan: *Lailat al-Qadr* (erste Offenbarung an Mohammed)
- 1. Shawwal: *Id al-Fitr* (Fastenbrechen des Monats Ramadan)
- 9. Dhu'l-Hidja: *Hadsch*
- 10. Dhu'l-Hidja: *Id al-Adha* (Gedenken an Abrahams Bereitschaft, Allah seinen geliebten Sohn Ismail zu opfern)

Fünf als „Säulen des Islam" bezeichnete Regeln bestimmen das Leben jedes Muslims: 1. Es gibt keinen Gott außer Allah, und Mohammed ist sein Prophet. 2. Fünfmal täglich soll Allah in Gebeten angerufen werden. 3. Mindestens einmal im Jahr soll den Armen mit einem Almosen geholfen werden. 4. Alle erwachsenen Muslime sollen im Monat Ramadan von Sonnenaufgang bis Sonnenuntergang fasten. 5. Mindestens einmal im Leben sollen Muslime nach Mekka pilgern.

Muslime treffen sich zur Andacht in Moscheen und werden zu bestimmten, im Koran festgesetzten Tageszeiten zum Gebet gerufen.

Die Schir-Dor-Medrese von Samarkand in Usbekistan. Eine Medrese ist eine islamische Hochschule, in der Lehrer und geistliche Führer des Islam ausgebildet werden. Vom 16. Jahrhundert an entstanden solche Medresen in vielen großen Städten Zentralasiens, so in Buchara, Samarkand, Chiwa und Kokand. Junge Leute kamen aus allen Teilen der islamischen Welt, um dort zu studieren. Wie die meisten Medresen Zentralasiens besitzt Schir Dor einen monumentalen Eingangsbogen, der mit Tausenden von bunt glasierten Kacheln verziert ist.

RELIGIONEN

Typisch für viele Moscheen ist das Kuppeldach. Vom Turm oder Minarett ruft der Muezzin (heute meist per Tonband) die Gläubigen zum Gebet.

Im Islam gibt es zwei hohe religiöse Feste. Das eine ist *Id al-Fitr* (Fest des Fastenbrechens) am Ende des Fastenmonats Ramadan. Das Fasten erinnert an die Erscheinung des Engels Gabriel und seine Offenbarung. Während des Fastenmonats dürfen Gläubige, die älter als 12 Jahre sind, zwischen Morgen- und Abenddämmerung weder essen noch trinken. Sobald der Mond wieder am Himmel erscheint, wird drei Tage lang gefeiert. Die Menschen ziehen ihre besten Sachen an, beschenken sich gegenseitig und beten in den Moscheen.

Das zweite große Ereignis ist das Opferfest *Id al-Adha*, das zum Abschluss der

Muslime wenden sich in Richtung Mekka, wenn sie beten.

Den geistlichen Führer und Vorbeter einer islamischen Gemeinde nennt man Imam. Während der Gebete in der Moschee reihen sich die Gläubigen hinter dem Imam auf, wobei Männer und Frauen stets streng voneinander getrennt sind. Jeder beobachtet den Imam und wiederholt seine Worte und Gesten.

Am Freitagnachmittag versammeln sich Muslime in der Moschee zum Gemeinschaftsgebet *(Salat-ul-jumu'ah)* und einer Predigt des Imams. Besonders in Gegenden, wo es keine große muslimische Gemeinde gibt, ist das eine gute Gelegenheit, Gleichgesinnte kennenzulernen.

Dieser Tanzende Derwisch ist Mitglied eines islamischen Mönchsordens in der Türkei. Derwische begleiten ihre Gebetsübungen mit Gesängen und ekstatischen Tänzen.

Pilgerreise – des so genannten Hadsch – gefeiert wird. Alle Muslime, die körperlich und finanziell in der Lage dazu sind, sollten mindestens einmal im Leben nach Mekka pilgern. Die Hadsch-Zeremonien selbst nehmen nur ein paar Tage in Anspruch, aber die meisten Pilger bleiben länger in Arabien, um die Moschee des Propheten Mohammed in Medina und andere heilige Stätten zu besuchen. Etwa zwei Millionen Menschen aus aller Welt machen diese Wallfahrt alljährlich mit. Das Ende eines Hadsch wird mit einer Dankesfeier in der Moschee begangen.

Da der islamische Kalender auf dem Mondjahr beruht, fallen die muslimischen Feste nie auf den gleichen Tag.

LEBENSGEWOHNHEITEN

WOHNEN RUND UM DIE WELT

ES GIBT enorme Unterschiede in der Wohnkultur der Völker, denn lokale Besonderheiten spielen eine wichtige Rolle im Baustil. So werden in regelmäßig überschwemmten Gegenden Häuser meist auf Stelzen errichtet, während man in Erdbebengebieten eher robuste Fundamente benötigt. Und im Gebirge sieht man häufig steil abfallende Hausdächer, auf denen sich keine schweren Schneelasten ansammeln können.

Die Abbildung *(unten)* zeigt ein typisches Wohnhaus in Sana, der Hauptstadt des Jemen, wo sich die Bauweise seit Jahrhunderten kaum verändert hat. Da in islamischen Ländern *(siehe Seite 22)* getrennte Bereiche nicht nur für Familienangehörige und Gäste, sondern auch für Männer und Frauen üblich sind, hat jedes Stockwerk seinen besonderen Zweck. Das kühle Obergeschoss ist Gästen vorbehalten.

Die Beduinen *(oben)* sind Nomaden, die mit ihren Schaf-, Ziegen- und Rinderherden durch die Wüsten Arabiens und Afrikas ziehen. Sie leben in Zelten, die sie unterwegs aufschlagen. Dazu spannen sie Stoffbahnen über Holzpfosten und zurren sie mit Stricken fest. Obwohl inzwischen viele Beduinen das Nomadenleben aufgegeben und in den Städten Arbeit gefunden haben, leben viele von ihnen – ähnlich wie die Mongolen *(siehe Seite 27)* – lieber in den gewohnten Zelten draußen in der Wüste als in der Enge der Städte.

Ein im Altertum häufig verwendetes Baumaterial war Schlamm oder Lehm, der feucht zu Ziegeln gepresst und an der Sonne getrocknet wurde. Aber auch heute noch errichtet man an der Elfenbeinküste in Westafrika Rundhütten *(oben)* aus getrocknetem Schlamm, die anschließend mit Schilf gedeckt werden. Viele der frühen Behausungen waren rund wie Zelte. Erst später ging man dazu über, Häuser mit rechteckigem Grundriss zu bauen, die sich leichter entlang Straßen und Gassen anordnen ließen. Viele Lehmziegelbauten im Nahen Osten sind Jahrtausende alt. Sie haben meist Flachdächer, da in dieser extrem trockenen Region kein Regenwasser über Schrägdächer abgeleitet werden muss.

LEBENSGEWOHNHEITEN

Im Zentrum von Großstädten ist kaum Platz für Einfamilienhäuser mit Gärten. Viele Städter wohnen daher in Häuserblöcken. In den Vororten lässt sich der Wunsch nach einem Heim im Grünen leichter verwirklichen. Deshalb leben viele Menschen in den Außenbezirken und fahren mit dem Zug oder Auto zu ihren Arbeitsplätzen in der Innenstadt.

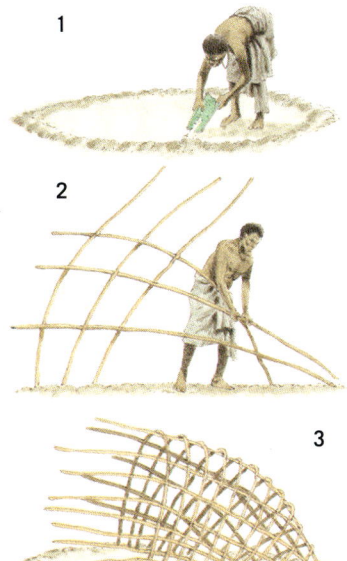

Die Efe-Pygmäen, die in den Regenwäldern Zentralafrikas jagen und Honig sammeln, errichten an ihren Rastplätzen einfache Schutzhütten aus Astwerk und Laub. Dafür stecken sie erst einen Kreis ab (1), lockern das Erdreich auf und rammen lange Äste in den Boden (2). Dann verflechten sie die Äste zu einem halbrunden Rahmen (3), an dem sie große Blätter befestigen (4). Auch in anderen Teilen der Welt stellen Jäger und Sammler Hütten aus Naturmaterialien her.

Im dicht besiedelten Hongkong ist Bauland knapp. Trotz der zahlreichen Hochhäuser reicht der Wohnraum längst nicht für alle Einwohner. Deshalb leben viele Familien auf Hausbooten, den so genannten *Sampans (links)*, die im großen Hafen der Stadt ankern.

Die Bajau – ein Seevolk auf den Philippinen *(unten)*, das vom Fischfang lebt – fahren mit ihren Booten kreuz und quer durch die Inselwelt Südostasiens. Manche leben auf ihren Booten, den so genannten *Lipas*, andere wohnen in Holzhütten, die auf Stelzen aus dem Wasser ragen.

Ein besonderer Haustyp ist auch der Iglu der Inuit. Heutzutage leben zwar die Inuit in Grönland und der kanadischen Arktis in modernen Siedlungshäusern, aber wenn sie auf der Jagd oder zum Fischfang unterwegs sind, errichten sie als Schutzunterkünfte immer noch ihre traditionellen Iglus.

Ein Iglu ist eine Hütte aus Schneeblöcken, die so aufeinander geschichtet werden, dass sie eine Kuppel bilden. Dann taut man mithilfe einer Lampe die Innenwände des Iglus an, bis Wasser in die Ritzen zwischen den Schneeblöcken läuft. Sobald dieses Wasser durch den eisigen Wind wieder gefriert, entstehen fest verfugte Wände, die Wind und Kälte abhalten. Tierhäute und Decken sorgen zusätzlich für Wärme.

LEBENSGEWOHNHEITEN

TRADITIONELLE HÄUSER

Diese Abbildung zeigt das Innere eines modernen japanischen Hauses.

Viele Japaner schlafen auf einem *Futon*. Das ist eine weiche Matratze, die abends auf einer *Tatami*-Matte ausgebreitet wird; morgens legt man sie wieder zusammen und verstaut sie in einem besonderen Schrank *(Oshiire)*.

DAS INNERE eines Hauses spiegelt Lebensstil und -gewohnheiten seiner Bewohner wider. Zwei Beispiele – eines in einem modernen Industriestaat, das andere in Ostafrika – zeigen, dass Traditionen immer noch den Alltag der Menschen prägen.

EIN JAPANISCHES HEIM

Japan ist heute eines des reichsten und fortschrittlichsten Länder der Erde. Obwohl der Einfluss des Westens sehr stark ist, haben sich die Japaner viel von ihrer eigenen Kultur und Religion bewahrt.

Japanische Häuser sind eine Mischung der alten und der neuen Lebensweise. Obwohl sie modernen technischen Komfort wie Fernseher, Mikrowellengeräte und Computer bieten, haben sich in anderen Bereichen uralte Traditionen erhalten.

Wenn man ein japanisches Heim betritt, ist es üblich, die Schuhe mit Hausschuhen zu vertauschen. Sämtliche Straßenschuhe bleiben im Flur oder *Genkan*, wo sie in einem Schrank oder Regal aufbewahrt werden. Manche Räume sind mit gewobenen Binsenmatten, den so genannten *Tatamis*, ausgelegt. Da die Binsen frisch verarbeitet werden, sehen neue Tatamis grün aus. Beim Betreten einer Tatami zieht man auch die Hausschuhe aus, um die Matte zu schonen.

LEBENSGEWOHNHEITEN

Solche Rundzelte mit flachem Kegel- oder Kuppeldach, in denen heute noch viele Mongolen wohnen, heißen Jurten. Eine Jurte besteht aus einem hölzernen Gerüst, über das dicke Filzdecken aus Schafwolle gespannt werden. Eine Außenhaut aus Leinwand hält die Nässe ab. Im Innern gibt es moderne Geräte wie Fernseher und Gaskocher.

Die Sommer in Japan können sehr heiß sein, und so besitzen viele Räume *Shojis*, Schiebetüren aus Holz und Papier, die für eine gute Luftzirkulation sorgen. Im Esszimmer gibt es einen niedrigen Tisch, um den die Hausbewohner auf einem Bodenkissen, dem *Zabuton*, Platz nehmen. Im Winter benutzt man den *Kotatsu*, einen Esstisch mit Heizgerät und Steppdecke, der gemütliche Wärme verbreitet.

In einem typisch japanischen Bad, dem *O-furo*, befindet sich der Abfluss direkt im Boden. Man nimmt auf einem Hocker Platz, um sich einzuseifen und abzubrausen, ehe man in die tiefe rechteckige Wanne steigt.

Selbst moderne japanische Wohnungen und Häuser haben einen kleinen Altar, auf dem Porträts und Fotos der Ahnen stehen.

EIN MASSAI-HEIM

Auf den Grasland-Ebenen Ostafrikas leben immer noch viele Hirten und Bauern des Massai-Stammes in Kralen, kleinen Siedlungen aus Kuppelhütten, die sich in der Nähe ihrer Viehherden und Felder befinden. Der Hausbau ist Aufgabe der Frauen. Nachdem sie ein Viereck auf dem Boden abgesteckt haben, flechten sie aus Ästen und Zweigen eine Kuppel, über die sie eine Schicht aus Gras und getrocknetem Rindermist verteilen.

In einer Massai-Hütte gibt es nur einen Raum. Bis zu sechs Leute schlafen auf einem großen Bett, das aus kräftigen Ästen und darüber gespannten Tierhäuten besteht. Die Hausherrin und ihre jüngeren Kinder haben etwas abseits ihr eigenes Bett. Mitten in der Hütte befindet sich die Kochstelle, deren offenes Feuer Wärme und Licht spendet. Anstelle von Fenstern gibt es eine Öffnung, durch die der Rauch abziehen kann.

Die Massai trinken Kuhmilch, verzehren das Fleisch ihrer Herdentiere aber nur zu besonderen Gelegenheiten. Die Frauen bewahren die Milch in ausgehöhlten Flaschenkürbissen auf, den so genannten Kalebassen.

Die Massai-Hirten von Kenia und Tansania tragen noch die gleichen farbenprächtigen Gewänder und Schmuckschnüre wie ihre Vorfahren.

Jede Massai-Familie hat ihre eigene Rinderherde. Kälber und Zicklein werden ins Innere der Hütte gebracht, wo sie in einem Verschlag leben.

LEBENSGEWOHNHEITEN

FESTE

ZAHLLOSE Feste, Rituale und Zeremonien werden alljährlich rund um die Welt begangen, häufig mit Gesang, Tanz, bunten Kostümen und prächtigen Umzügen. Manche finden im Familienkreis statt, andere sind Großereignisse, an denen eine ganze Stadt oder ein ganzes Volk teilnimmt.

Eine Fülle von festlichen Bräuchen stehen mit Liebeswerben, Brautschau und Hochzeit in Zusammenhang.

So findet bei den Berbern im nordafrikanischen Marokko jedes Jahr im September ein traditioneller Heiratsmarkt statt. Tausende von Männern und Frauen strömen zu dem Fest. Männer, die nach einer Ehefrau Ausschau halten, tragen ein weißes Kapuzengewand. Die Frauen – so tief verschleiert, dass man kaum etwas von ihnen sehen kann – schützen sich mit einem besonderen Silberkopfputz gegen den bösen Blick. Heiratswillige Männer und Frauen flanieren über den Markt und nehmen Kontakt miteinander auf. Wenn sich ein Paar einig geworden ist, stellt ein Schreiber die Urkunde aus, und die Ehe wird an Ort und Stelle vor dem Richter, dem Kadi, besiegelt.

In Japan gilt der erste Schultag als wichtiges Ereignis. Die Kinder tragen ihre besten Sachen und werden mit einem Fest willkommen geheißen. Eine andere Zeremonie, bei der ebenfalls Kinder die Hauptrolle spielen, heißt *Schichi-go-san* oder Sieben-Fünf-Drei. Einmal im Jahr legen alle Kinder, die sieben, fünf und drei Jahre alt sind, den traditionellen japanischen Kimono an *(links)* und besuchen den Tempel oder Schrein an ihrem Wohnort. Die meisten religiösen Bräuche in Japan stehen mit dem Shintoismus *(siehe Seite 16)* in Verbindung.

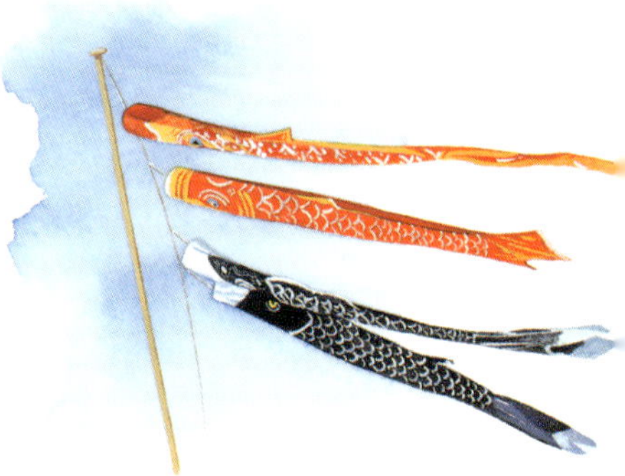

Berberfrauen, die nach einem Ehemann Ausschau halten, tragen einen Silberkopfputz und Schleier, die ihr Äußeres fast ganz verhüllen.

Am 5. Mai findet in Japan das Knabenfest statt. Die Familien danken den Göttern für ihre Söhne, indem sie bunte Papierkarpfen – für jeden Sohn einen – im Wind flattern lassen.

Manche Feste – wie Karneval – werden mit großen Umzügen durch die Städte begangen. Vor allem am Rosenmontag und Faschingsdienstag, den beiden letzten Tagen vor der 40-tägigen Fastenzeit der Christen, herrscht große Ausgelassenheit.

Berühmt sind die Karnevalsumzüge mit Musik, Tanz und prächtigen Kostümen in Rio de Janeiro und anderen brasilianischen Städten.

LEBENSGEWOHNHEITEN

Bei den halbnomadischen Massai-Hirten in Ostafrika *(siehe Seite 27)* ist es Brauch, die Knaben feierlich auf den Eintritt in die Kriegerklasse vorzubereiten. Von Kriegern wird erwartet, dass sie furchtlose Jäger sind, auch wenn die Massai sich heute nicht mehr durch die Jagd ernähren. Zu den Mutproben gehörte deshalb bis vor kurzem die Löwenjagd, die allerdings immer seltener wird, da es nur noch wenige der großen Raubkatzen gibt. Vor der Jagd führen die Krieger Stammestänze auf, darunter den Namba, bei dem die Tänzer hoch in die Luft springen und steifbeinig landen *(unten)*.

Ein Aborigine hat seinen Körper für einen Kulttanz mit traditionellen Mustern bemalt. Solche Tänze werden oft von Didjeridoo-Klängen begleitet.

Auch die Ernte wird bei fast allen Völkern der Erde mit besonderen Zeremonien und Dankfesten begangen. Wenn auf Sumatra und Java im fernen Indonesien der Reisschnitt ansteht, geht die Familienälteste aufs Feld und bindet aus den ersten Halmen, die sich im Wind wiegen, die „Reismutter". Diese wird dann in der Scheune aufgestellt, um den geernteten Reis zu bewachen.

Bei vielen Völkern gibt es Kulttänze, die ihre Wurzeln in uralten Traditionen haben. Ein Beispiel dafür sind die Aborigines, die Ureinwohner Australiens. Sie glauben, dass die Erde und alles Leben von mythischen Ahnen erschaffen wurde. Den Schöpfungsprozess selbst bezeichnen sie als „Traumzeit", und in den Träumen lebt für sie der Geist der Erschaffung ewig weiter. Musik, Tanz und Kunst der Aborigines ist geprägt von diesem Glauben und der tiefen Bedeutung, die sie ihrem Land beimessen.

Viele religiöse Tänze haben sich zu Touristenattraktionen entwickelt. Dieses Mädchen führt Besuchern der Insel Bali im Süden Indonesiens einen traditionellen Tempeltanz vor. Die Balinesen sind Hinduisten *(siehe Seite 18)* und spielen in ihren Tänzen Szenen zwischen Göttern, Dämonen und Helden nach.

LEBENSGEWOHNHEITEN

SPORT

VIELE der Sportarten, die wir heute kennen, haben ihren Ursprung in kultischen Festen und Kampfspielen des Altertums. Sportliche Wettbewerbe boten jungen Männern einen Anreiz, sich im Bogenschießen, Reiten, Ringen und ähnlichen Disziplinen zu üben. So konnten sie sich auf ihr Dasein als Krieger vorbereiten.

Heute gibt es Profisportler, die hart trainieren und regelmäßig gegen ihre Konkurrenten aus aller Welt zum Vergleich antreten. Andere Leute treiben Sport zur körperlichen Ertüchtigung oder als Freizeitspaß. Sie spielen in Fußball- oder Volleyball-Mannschaften mit, versuchen sich als Einzelkämpfer im Tennis und betreiben allein oder mit Gleichgesinnten Skilaufen oder Jogging.

Das berühmteste Sportereignis der Welt ist die Olympiade, die alle vier Jahre stattfindet. Ihr Name bezieht sich auf das griechische Olympia, wo man bereits in der Antike zu Ehren der Götter Wettbewerbe im Laufen, Weitspringen, Werfen, Ringen, Reiten und Wagenrennen abhielt.

Das für die Olympiade von 1972 errichtete Stadion in München verfügt über ein selbstreinigendes Zeltdach aus Acrylglasplatten.

Bei den modernen Olympischen Spielen, die 1896 wieder eingeführt wurden, kämpfen Männer und Frauen in ihren jeweiligen Sportarten um Gold-, Silber- und Bronzemedaillen. Häufig errichtet man für die Spiele, die jedes Mal in einer anderen Stadt ausgetragen werden, neue Sportanlagen – so wie das großartige Olympiastadion (oben), das 1972 in München gebaut wurde.

Eine der populärsten internationalen Sportarten ist Fußball. Alle vier Jahre kämpfen Nationalmannschaften in harten Ausscheidungsspielen um den Weltmeistertitel.

In einem Leichtathletikstadion finden gleichzeitig Wettbewerbe in mehreren Disziplinen statt. Das Rasenoval ist von einer in Bahnen unterteilten Laufanlage umgeben. Hier werden Sprints, Mittelstrecken- und Langstreckenkonkurrenzen, aber auch Hürden- und Hindernisläufe ausgetragen. Bei Staffelrennen treten Mannschaften an: Jeder Läufer legt eine bestimmte Strecke zurück und übergibt dann einen Staffelstab an den nachfolgenden Teamgefährten.
Zu den Disziplinen, die auf dem Rasenfeld im Innern ausgetragen werden, gehören Speer-, Diskus- und Hammerwurf, Kugelstoßen, Weit-, Hoch- und Stabhochsprung.

Kricket ist ein beliebtes Freiluft-Rasenspiel in Großbritannien, Südasien, Südafrika, Australien und auf den Westindischen Inseln, während Baseball seine Anhänger vor allem in Nordamerika und Japan hat. Sehr populär in den lateinamerikanischen Ländern ist heute Pelota, ein schnelles Ballspiel, das ursprünglich aus dem spanischen Baskenland stammt.

Manche Leute betreiben lieber Wassersport wie Rudern oder Segeln. Besonders waghalsige Segler nehmen an Hochseerennen um die ganze Welt teil. Mut brauchen auch die Wildwasser-Kanuten, die ihre Boote durch reißende Flüsse und Stromschnellen steuern.

Beim Kricket verteidigt ein Team die beiden Male mit einem Schlagholz, während das andere versucht, die Malpfosten so mit dem Ball zu treffen, dass die Querstäbe abfallen.

Basketball ist ein schneller Mannschaftssport, der meist in der Halle stattfindet.

Basketball wurde 1891 in den USA eingeführt. Ziel dieses Spiels ist es, den Ball in den „Korb" des gegnerischen Teams zu werfen – einen Metallring mit Netz, der sich drei Meter über dem Spielfeld befindet.

Ein weites Feld bietet auch der Pferdesport. Dressur-, Spring- und Geländereiten sind ebenso beliebt wie Galopp- und Trabrennen oder Polo.

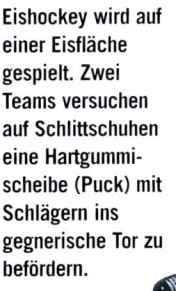

Eishockey wird auf einer Eisfläche gespielt. Zwei Teams versuchen auf Schlittschuhen eine Hartgummischeibe (Puck) mit Schlägern ins gegnerische Tor zu befördern.

Springreiter müssen mit ihren Pferden einen Parcours mit Hindernissen überwinden.

Fußball nach festen Regeln war bei den Chinesen schon um 200 v. Chr. bekannt. Heute findet das Spiel zwischen zwei Mannschaften zu je elf Spielern statt. Ziel ist es, den Ball mit dem Fuß oder Kopf möglichst oft ins gegnerische Tor zu stoßen. Ein Schiedsrichter leitet die Begegnung und bestraft Regelverstöße. Rugby und American Football sind etwas härtere Varianten von Fußball.

LANDWIRTSCHAFT

UNSERE Ernährung ist eng mit der Landwirtschaft (auch Agrarwirtschaft genannt) gekoppelt. Es gibt landwirtschaftliche Großbetriebe, die ihre Produkte im In- und Ausland verkaufen, aber auch winzige Familienbetriebe, deren Erträge gerade für den Eigenbedarf ausreichen.

Die Landwirtschaft unterteilt sich in die beiden großen Bereiche Bodenbearbeitung und Viehhaltung. Zur Bodenbearbeitung gehören Anbau und Ernte von Getreide, Gemüse und Pflanzen zur Herstellung von Industrieerzeugnissen wie Öl oder Baumwollstoffen, aber auch Obst- und Weinbau, Kautschuk- und Kaffeeplantagen sowie die gesamte Forstwirtschaft. Unter Viehhaltung versteht man die Aufzucht und Pflege von Nutztieren wie Schweinen, Rindern oder Schafen zur Milch-, Fleisch- oder Wollegewinnung. Die Herden weiden auf Grasland, aber auch auf raueren Böden wie Heide- und Buschland, Berghängen und Tundraflächen. Manche Bauern spezialisieren sich auf Ackerbau oder Viehzucht, andere betreiben eine gemischte Landwirtschaft.

Heute tragen Intensivmethoden dazu bei, die Erträge zu steigern. Ein Beispiel dafür sind die Hühner, die in engen Drahtkäfigen, den so genannten Legebatterien, eingesperrt sind und nichts anderes tun, als Eier zu legen.

Kaffeeplantage an den subtropischen Südhängen der Andenausläufer in Kolumbien, Südamerika.

Landwirtschaftsflächen
- Ackerbau und Plantagen
- Ackerbau und Viehhaltung
- gutes Weideland
- geringerwertiges Weideland
- Savanne
- Natur- und Nutzwald
- Ödland

„Freiland"-Produkte stammen von Tieren, die artgerecht in ihrer natürlichen Umgebung gehalten werden, z.B. Hühner, die genügend Auslauf im Stall oder auf dem Hof haben.

Große Agrarbetriebe setzen zur Unkraut- und Schädlingsbekämpfung häufig Chemikalien ein, die den Boden und die Gewässer verseuchen und von Nutztieren und -pflanzen aufgenommen werden. Biobauern verzichten auf Kunstdünger und Chemie und reichern stattdessen die Böden mit Naturdüngern an. Inzwischen kaufen immer mehr Menschen Freiland- und Bioerzeugnisse, weil diese gesünder und schmackhafter sind als Produkte aus Massentierhaltung und Intensivanbau.

LANDWIRTSCHAFT

Klima und Bodenbeschaffenheit sind zwei wichtige Faktoren in der Landwirtschaft. Diese Karte zeigt die Verteilung der unterschiedlichen Agrarformen auf der Erde. Landwirtschaftlich nicht nutzbare Flächen sind weiß markiert.

Dieser rumänische Schafhirte zieht mit seiner Herde auf der Suche nach frischem Futter über die Bergwiesen der Karpaten.

Neben den sesshaften Bauern gibt es auch Nomaden, die mit ihren Viehherden von einer Weide zur nächsten ziehen. Ähnliches gilt für den Wanderfeldbau in Tropengebieten wie dem Amazonas-Regenwald. Hier schaffen die Eingeborenen durch Brandrodung Lichtungen, auf denen sie ein bis zwei Jahre lang Mais, Maniok, Hirse oder Yamswurzeln anpflanzen. Danach ziehen sie weiter und roden ein neues Stück Land, damit sich der ausgelaugte Boden erholen kann.

LANDWIRTSCHAFT

ACKERBAU

BEREITS vor 12 000 Jahren entdeckten die Menschen, dass man die Samen bestimmter Wildpflanzen sammeln und in gerodetes Erdreich aussäen konnte. Das war der Beginn des Ackerbaus.

Heute werden riesige Flächen, die einst natürliches Gras- oder Waldland waren, als Ackerland genutzt. Doch der Bedarf steigt weiter, und so wandelt man inzwischen selbst tropische Regenwälder, Wüsten und Sümpfe in Kulturland um. Sogar dem Meer versucht man Land für den Anbau von Nutzpflanzen abzugewinnen.

In den reichen Ländern setzen die Bauern moderne Maschinen ein, um ihre Ernteerträge zu steigern. In ärmeren Ländern dagegen bestellen die Menschen ihre Felder noch selbst. Sie bauen auf winzigen Parzellen das an, was sie zum Leben brauchen, und halten dazu vielleicht ein paar Schweine oder Schafe. Man spricht hier von Ackerbau für den Eigenbedarf oder Selbstversorgungswirtschaft.

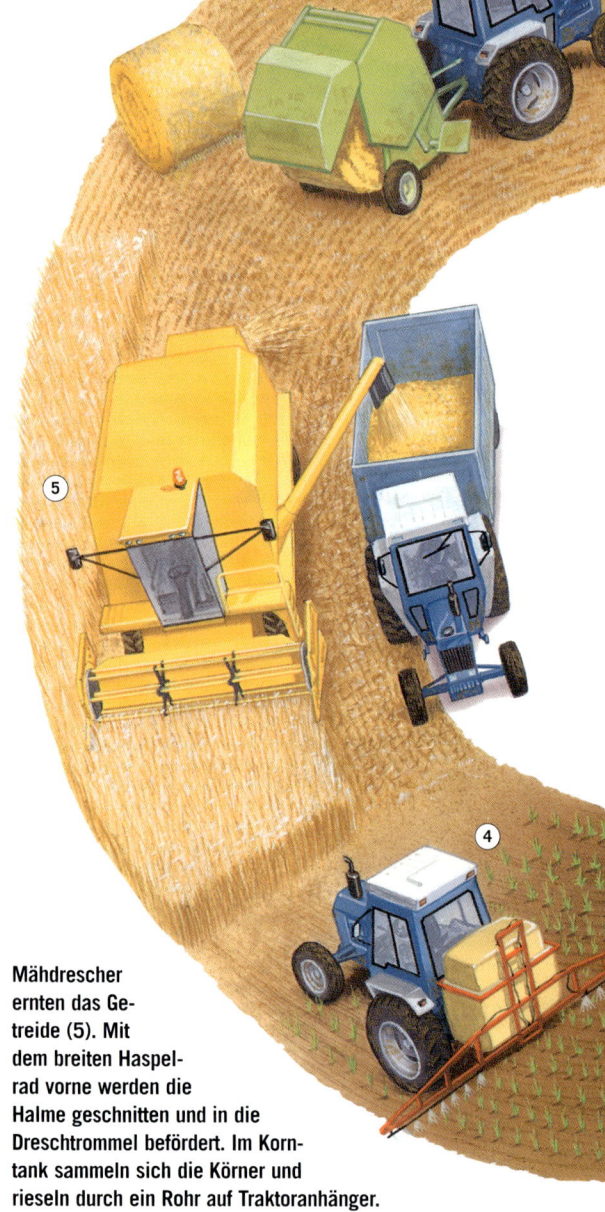

Das vom Mähdrescher ausgeworfene Stroh wird anschließend zu Ballen gepresst (6).

Mähdrescher ernten das Getreide (5). Mit dem breiten Haspelrad vorne werden die Halme geschnitten und in die Dreschtrommel befördert. Im Korntank sammeln sich die Körner und rieseln durch ein Rohr auf Traktoranhänger.

Manche Pflanzen wie Flachs oder Baumwollsträucher *(rechts)* liefern Fasern für die Herstellung von Stoffen. Wenn die reifen Fruchtkapseln der Baumwollsträucher platzen, quellen weiße Samenhaare hervor. Diese als Lint bezeichneten Bäusche werden gepflückt, gereinigt, entwirrt und zu Fäden versponnen. Baumwollsträucher gedeihen nur in heißen Ländern. Meist müssen die Pflanzungen künstlich bewässert werden.

Erdnüsse zählen in vielen Tropenregionen zu den Grundnahrungsmitteln. Man verwendet sie außerdem als Viehfutter und zur Speiseöl-Herstellung.

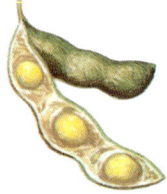

Die aus dem Fernen Osten stammenden Sojabohnen wurden im Westen zunächst als Viehfutter und später wegen ihres hohen Ölgehalts angebaut.

Kaffee entsteht aus den harten Samenbohnen, die in den Kirschen niedriger Tropenbäume oder -sträucher enthalten sind.

Maniok-Knollen, auch Kassave genannt, gehören in den Tropen zu den Grundnahrungsmitteln. Man gewinnt daraus auch Tapioka-Stärke und Brotmehl.

Zuckerrohr ist eine Grasart, aus der nicht nur Rohrzucker, sondern auch Sirup, Alkohol und Treibstoff hergestellt werden kann.

LANDWIRTSCHAFT

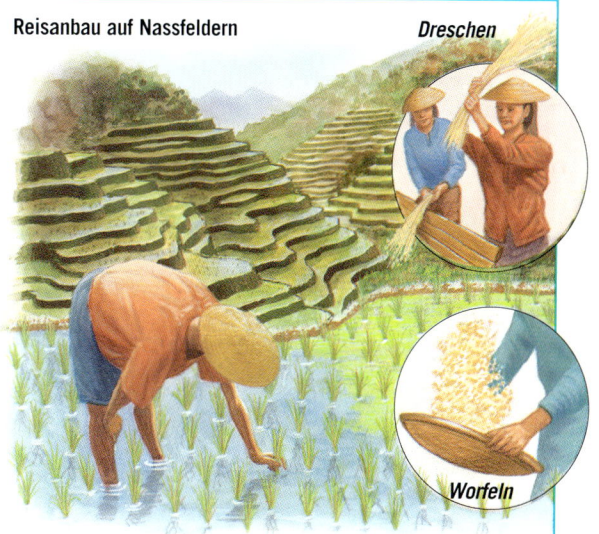

Zuerst gräbt der Bauer mit einem Pflug den Boden um (1). Dann glättet er mit einer Egge die groben Schollen (2).

Beim modernen Getreideanbau wird ein Großteil der Arbeit von Maschinen erledigt.

Eine Drillmaschine sät die Samenkörner in Rillen und deckt sie mit Erde zu (3). Die junge Saat wird zum Schutz gegen Schädlinge und Unkraut mit Chemikalien besprüht (4). Manche Bauern halten diese Methode für umweltschädlich und verzichten auf das Sprühen.

Reisanbau auf Nassfeldern

Dreschen

Worfeln

HAUPTANBAUPFLANZEN

Am häufigsten angebaut werden Getreidesorten wie Weizen, Reis, Mais, Gerste, Roggen und Hirse. Mit Getreide decken viele Menschen ihren Grundnahrungsbedarf.

Reis stellt für Millionen von Asiaten das Hauptnahrungsmittel dar. Er wird meist auf natürlich oder künstlich überfluteten Feldern angebaut. Die Reissämlinge werden – häufig noch von Hand – in Reihen unter Wasser angepflanzt. Nach der Ernte muss man die Körner ausdreschen und anschließend worfeln, um Spreu und Spelzen abzusondern.

Andere Grundnahrungsmittel sind Bohnen, Erbsen und Linsen. Obst und Gemüse enthalten Vitamine und Kohlenhydrate.

Sojabohnen, Erdnüsse und Kokosnüsse enthalten hochwertige Öle. Eine Reihe anderer Pflanzen werden als Viehfutter angebaut. Dazu gehören Gras und Klee, bestimmte Rübensorten und Luzernen.

Reis ist das wichtigste Grundnahrungsmittel der Erde. Die Getreidepflanze gedeiht am besten in feuchtheißen Regionen.

Weizen eignet sich hervorragend zum Anbau auf den weiten Ebenen von Nordamerika, Europa, Russland und Zentralasien.

Mais wurde ursprünglich von den Indianern Nord- und Südamerikas kultiviert. Er liebt Wärme und Trockenheit.

Gerste ist ein robustes Getreide, das auch in kälteren und feuchteren Gebieten gedeiht. Sie wird zum Bierbrauen und als Viehfutter verwendet.

Hirse ist eine Hauptgetreidesorte in trockenen, heißen Regionen. In Nordamerika wird sie als Viehfutter angebaut.

LANDWIRTSCHAFT

VIEHHALTUNG

ETWA zur gleichen Zeit, als die Menschen den Ackerbau einführten, begannen sie Wildtiere zu zähmen, die ihnen Milch, Fleisch, Wolle, Felle und Leder lieferten. Der erste Schritt zur Viehhaltung war getan.

Rinder werden sowohl wegen ihres Fleisches als auch wegen der Milch gehalten. Allein in Indien gibt es 200 Millionen Rinder. Dazu kommen etwa eine weitere Milliarde in der übrigen Welt. Die heutigen Rinder lassen sich in zwei Hauptgruppen unterteilen: das europäische Hausrind, das vom mittlerweile ausgestorbenen Ur oder Auerochsen abstammt, und das indische Zebu oder Buckelrind, von dem es mehrere Arten gibt.

Zu den Tieren, die wegen ihrer Wolle gehalten werden, gehören Schafe, Ziegen, Kaninchen und Alpakas (eine Lama-Art). Besonders weit verbreitet ist die Schafzucht. Australien mit seinen riesigen, als „Stations" bezeichneten Schaffarmen ist einer der größten Wolleproduzenten auf der Welt. Etwa 140 Millionen von insgesamt einer Milliarde Schafen leben in Australien. Damit hat der kleine Kontinent mehr Schafe als Menschen! Besonders beliebt sind hier die Merinoschafe, weil sie eine weiche, dichte Wolle haben und sich mit dem spärlichen Gras im trockenen Landesinnern begnügen.

Schweine sind vor allem als Fleischvieh geschätzt. In den großen, modernen Schweinemastbetrieben hält man die Tiere unter kontrollierten Bedingungen in Ställen und mästet sie mit Spezialfutter innerhalb kürzester Zeit zur Schlachtreife. Früher gab es an die 400 Schweinerassen, aber viele davon sind seit der Einführung der Intensivhaltung *(siehe Seite 32)* verschwunden. Heute beschränkt man sich meist auf die Rassen Berkshire, Chester White, Poland, China, Saddleback, Yorkshire, Duroc und Razorback. Insgesamt gibt es auf der Welt etwa 800 Millionen Schweine, die Hälfte davon in Asien. Ihr Fleisch wird als Frischware angeboten oder geräuchert als Schinken und Speck verkauft.

Zebu

Merino-Schaf

Ziege

Schwein

Truthahn

Nicht überall werden die gleichen Haustierrassen gehalten. So sind die in Afrika und Indien verbreiteten Zebus oder Buckelrinder größer als die Rinder der westlichen Welt und tragen einen Höcker über den Schultern. Unter den zahlreichen Schafrassen auf der Erde sind die Merinoschafe besonders geschätzt, da man sie auch in trockenen, heißen Klimazonen halten kann. Ziegen sind sehr genügsam und liefern Milch, Fleisch sowie Felle und Häute. Der in Nordamerika heimische Truthahn wurde im 16. Jahrhundert nach Europa eingeführt.

LANDWIRTSCHAFT

Gänse auf einem Geflügelhof in Europa *(links)*. In manchen Teilen Frankreichs mästet man Gänse, um aus ihren Lebern die berühmte *pâté de fois gras* (Gänseleberpastete) herzustellen. In Osteuropa gibt es noch viele Kleinbauern, die ein wenig Getreide und Gemüse anbauen und nebenher Schweine, Hühner und Gänse halten.

Lange Zeit hüteten die Gauchos *(unten)* ganzjährig riesige Rinderherden auf den südamerikanischen Grasebenen oder Pampas von Argentinien, Uruguay und Paraguay. Heute haben die meisten von ihnen ihre traditionelle Lebensweise aufgegeben.

GEFLÜGEL

Auf Geflügelhöfen werden Hühner, Truthähne, Gänse und andere Vögel zur Fleisch- und Eierproduktion gezüchtet. Unser Haushuhn stammt von einer Wildform ab, die in den tropischen Regenwäldern Südostasiens beheimatet war. Es gibt Freiland-Betriebe, in denen die Tiere Auslauf haben, aber auch Großfarmen mit Käfighaltung *(siehe Seite 32)*. Man schätzt die Zahl der Hühner auf der Erde auf etwa 7 Milliarden. Die Züchter unterscheiden Lege-, Fleisch- und Mischrassen. Truthähne, Enten und Gänse werden hauptsächlich als Fleischlieferanten gehalten.

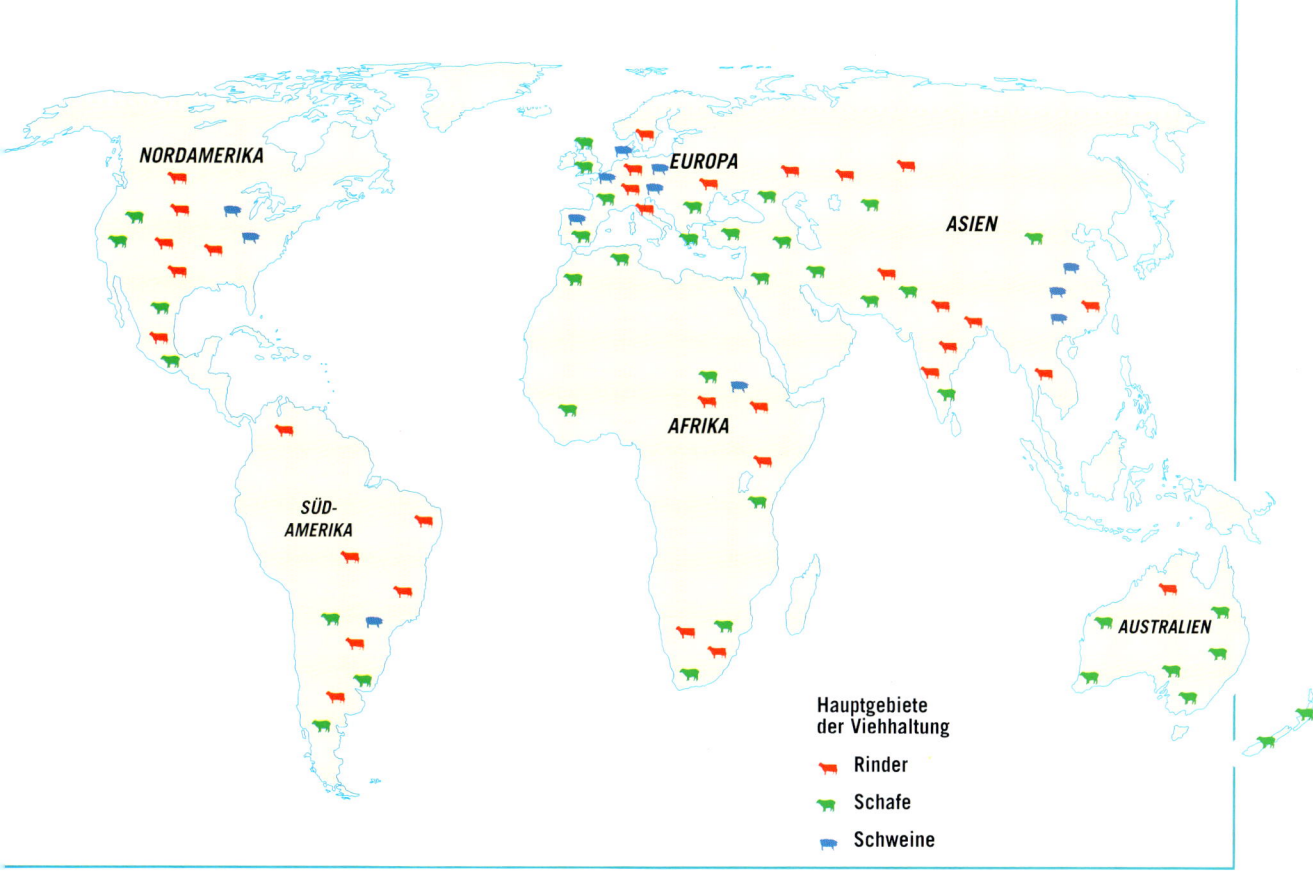

Hauptgebiete der Viehhaltung
- Rinder
- Schafe
- Schweine

FISCHEREI

SEIT EH und je schätzte man Fisch auf dem Speiseplan. Man fing ihn in Meeren und Binnengewässern. Daran hat sich bis heute wenig geändert, und für Menschen in Küstennähe ist die Fischerei ein wichtiger Erwerbszweig geblieben. Japan, China und Russland besitzen die größten kommerziellen Fischereiflotten der Welt. Die ergiebigsten Fischgründe *(siehe Karte unten)* liegen auf den Kontinentalsockeln – das sind die flachen, vom Meer überspülten Ränder der Landmassen.

Die meisten Seefische werden von Fischern mit Trawlern gefangen. Diese Fischereischiffe ziehen große Schleppnetze (Trawls) über den Meeresboden. Am häufigsten sind Hochsee-Trawler, die oft mehrere Monate auf See bleiben können. Viele sind mit Tiefkühlanlagen ausgerüstet, damit der Fang gleich an Bord ausgenommen und eingefroren werden kann. Mittelgroße Trawler bleiben zwei bis drei Wochen auf See, kleinere nur ein paar Tage.

Mit dem Grundschleppnetz werden Fische gefangen, die in der Nähe des Meeresbodens leben, so z. B. Kabeljau in den Gewässern des Nordatlantiks vor Kanada, Grönland und Skandinavien. Dagegen machen japanische und amerikanische Fangflotten im tieferen Wasser des Pazifiks Jagd auf Thunfische.

Mittelgroße Trawler holen Fische wie Heilbutt und Scholle aus rund 200 m Tiefe, während Küsten-Trawler Fische fangen, die in küstennahen, flacheren Gewässern leben, z. B. Schellfisch, Seezunge und Steinbutt. Diese Schiffe haben keine Gefrieranlagen an Bord, halten den Fang aber auf Eis frisch.

Ein holländischer Trawler in der Nordsee. Moderne Schiffe sind mit Radar, Kränen und Tiefkühlanlagen an Bord ausgerüstet.

Für andere Meerestiere kommen unterschiedliche Fangtechniken zum Einsatz. Für Hummer und Krebse benutzt man Reusen, während Austern und Kammmuscheln mit Dredschen gesammelt werden – dreieckigen Stahlrahmen mit Netz, die von einem Fischerboot über den Grund gezogen werden.

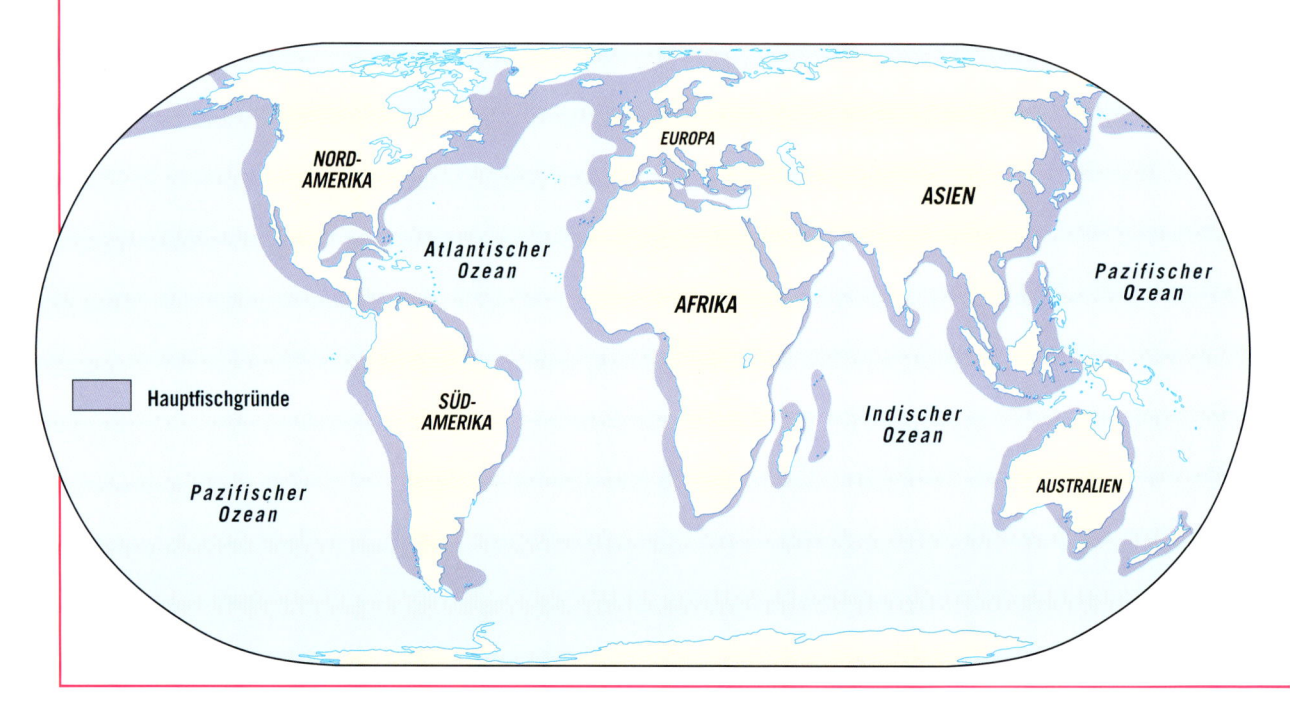

FISCHEREI

Ein Schleppnetz, das von einem Trawler über den Meeresboden gezogen wird, kann Tausende von Fischen auf einmal fangen. Für Fische wie Heringe oder Sardinen, die sich in den oberen Wasserschichten aufhalten, verwendet man Ringwaden, die kreisförmig um einen Schwarm gezogen und dann mit einem Seil wie ein Beutel geschlossen werden. Für den Fang von Makrelen und Heringen werden auch Treibnetze eingesetzt. Diese Netze hängen ins Wasser und fangen Schwärme ein, die gegen das Hindernis schwimmen.

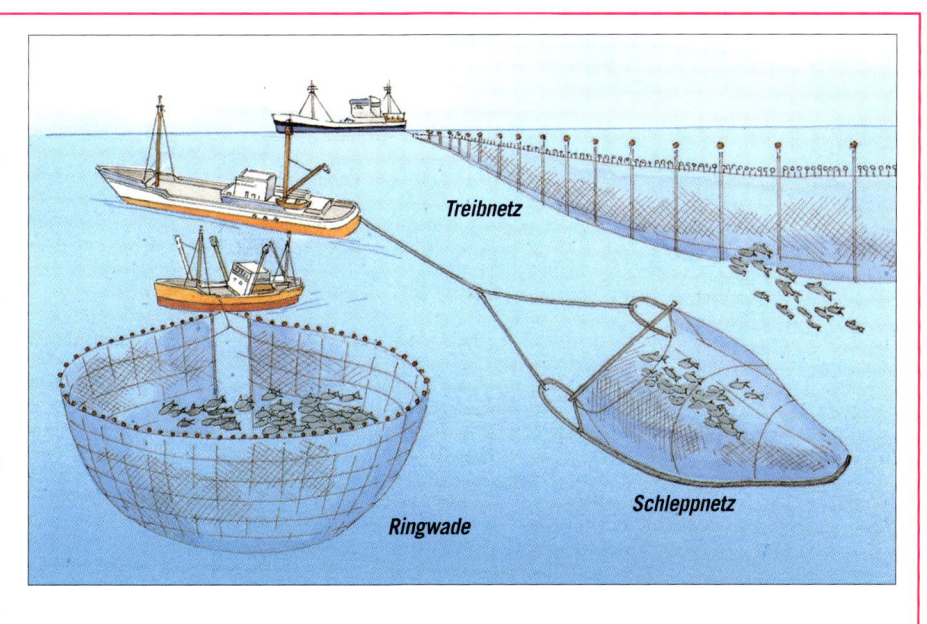

Heutzutage sind viele der traditionellen Fanggründe überfischt. So gibt es im Nordatlantik kaum noch Heringsschwärme. Auch die Kabeljau- und Schellfischbestände haben stark abgenommen. Der Einsatz riesiger Fabrikschiffe, auf denen große Mengen Fisch eingefroren werden, bedroht die traditionelle Fischerei und nimmt oft genug den Bewohnern von Entwicklungsländern die Lebensgrundlage. Außerdem besteht die Gefahr, dass durch die Überfischung die Nahrungskette der Ozeane zerstört wird. Schätzungsweise 20 Millionen Tonnen Fisch pro Jahr werden von Fangbooten einfach tot ins Meer zurückgeworfen, weil sie nicht die gewünschte Sorte sind – eine Praxis, die den Bestand der „verschmähten" Arten unnötig verringert.

TRADITIONELLE FISCHEREI

In manchen Gegenden der Welt gibt es wie schon seit Jahrhunderten noch Fischer, die mit kleinen Booten, Angeln oder Handnetzen unterwegs sind und nicht mehr Fische fangen, als vor Ort gebraucht werden.

Da das Öl und das Fleisch von Walen sehr begehrt waren, machten ganze Flotten von Harpunen- und Fabrikschiffen Jagd auf die Meeressäuger. Schließlich waren so viele Walarten vom Aussterben bedroht, dass man 1986 ein internationales Abkommen zu ihrem Schutz traf.

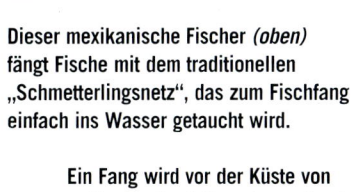

Dieser mexikanische Fischer *(oben)* fängt Fische mit dem traditionellen „Schmetterlingsnetz", das zum Fischfang einfach ins Wasser getaucht wird.

Ein Fang wird vor der Küste von Neufundland, Kanada, an Bord gehievt *(links)*. Die Grand Banks waren einst bekannt für ihren Fischreichtum. Heute sind die Bestände infolge Überfischung drastisch geschrumpft.

INDUSTRIE

BERGBAU UND INDUSTRIE

DIE ERDE enthält viele Minerale, die für uns heute von großer Bedeutung sind. Minerale sind natürlich vorkommende, anorganische Stoffe wie Metalle oder Silikate.

Einige Metalle wie Gold finden sich an der Oberfläche, während man nach anderen in großen Tiefen schürfen muss. Kupfer war eines der ersten vom Menschen genutzten Metalle. Allerdings wurde es spröde und brach leicht, wenn man es zu stark hämmerte. Schon früh aber entdeckte man, dass Kupfer geschmeidig blieb, wenn es nach dem Hämmern im Feuer erhitzt und anschließend erneut bearbeitet wurde – ein Prozess, den man heute als „Glühen" bezeichnet.

Manche Metalle sind in Gesteine eingebettet, die so genannten Erze. Um sie in Reinform zu gewinnen, werden die Erze stark erhitzt, damit das Metall schmilzt und ausläuft. Diesen Vorgang bezeichnet man als Verhüttung.

Hier wird Kupfer im Tagebau gefördert. Riesige Bagger räumen zunächst das Gestein über der Lagerstätte ab und holen dann das Erz nach oben.

Je nach Tiefe der Lagerstätten werden Metalle im Tagebau oder im Untertagebau gewonnen. Zunächst ermitteln Geologen, wo sich lohnende Vorkommen befinden. Dann untersuchen sie den Verlauf der Schichten und messen den Magnetismus der Gesteine und Minerale. Letzteres geschieht, weil Gesteine, die Eisen, Nickel oder Kobalt enthalten, ein besonders starkes Magnetfeld besitzen.

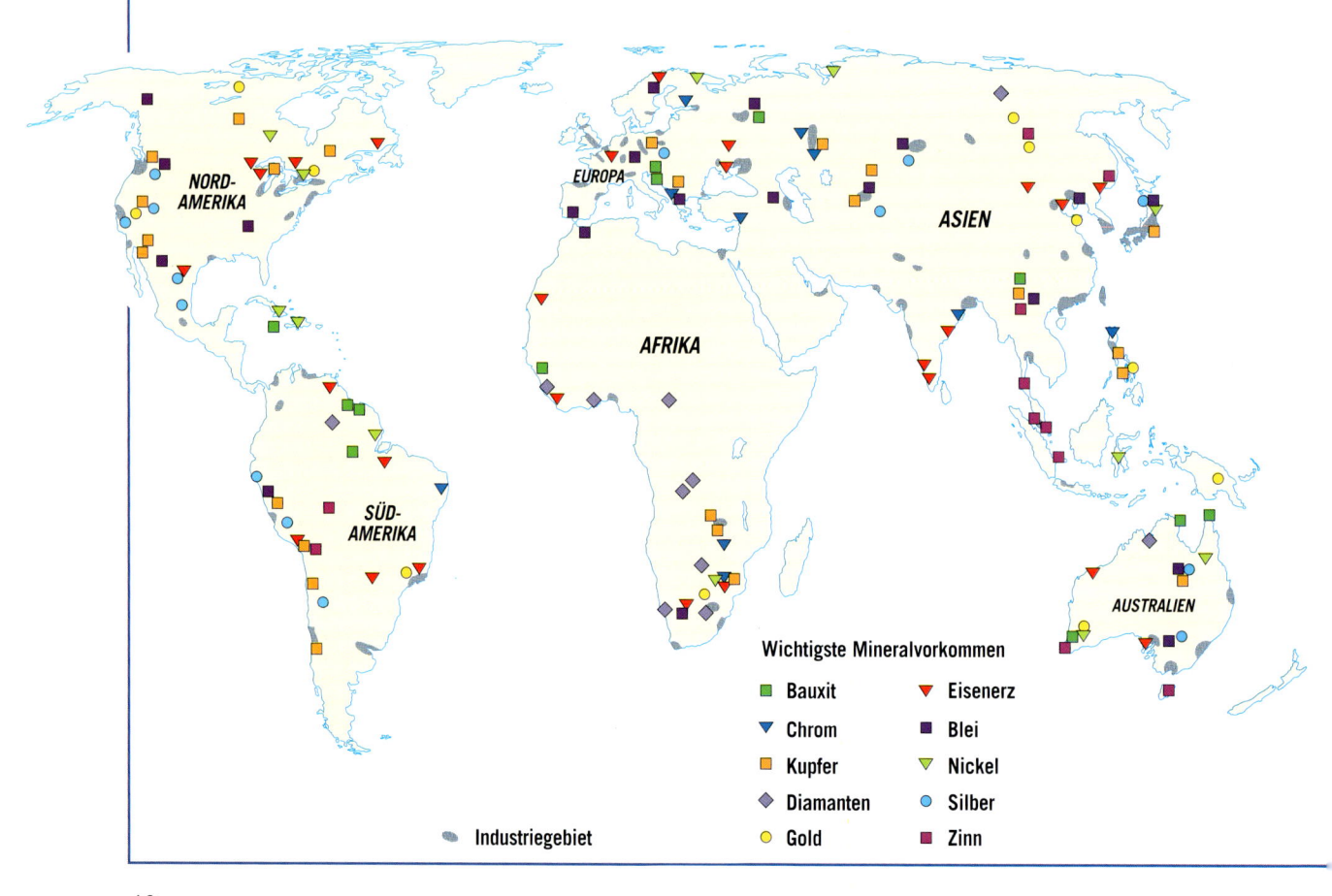

Wichtigste Mineralvorkommen

- ■ Bauxit
- ▼ Eisenerz
- ▼ Chrom
- ■ Blei
- ■ Kupfer
- ▼ Nickel
- ♦ Diamanten
- ● Silber
- ● Gold
- ■ Zinn

Industriegebiet

INDUSTRIE

INDUSTRIE

Unter dem Begriff „Industrie" fasst man die Bereitstellung von Gütern und Dienstleistungen zusammen, die von Menschen benötigt oder gewünscht werden. Es gibt die verschiedensten Industriezweige wie Bergbau, Landwirtschaft, Fischerei, verarbeitende Industrie und Dienstleistungsgewerbe.

Die Industriezweige lassen sich in drei Gruppen unterteilen. 1. Bergbau, Fischerei, Land- und Forstwirtschaft befassen sich mit der Gewinnung von Rohstoffen. 2. Verarbeitende Zweige stellen aus Rohstoffen Produkte wie Autos, Streichhölzer, Bücher oder Bauwerke her. 3. Transport- und Verkehrswesen, Handel, Gesundheitsvorsorge, Banken, Erziehung, Freizeit und Tourismus.

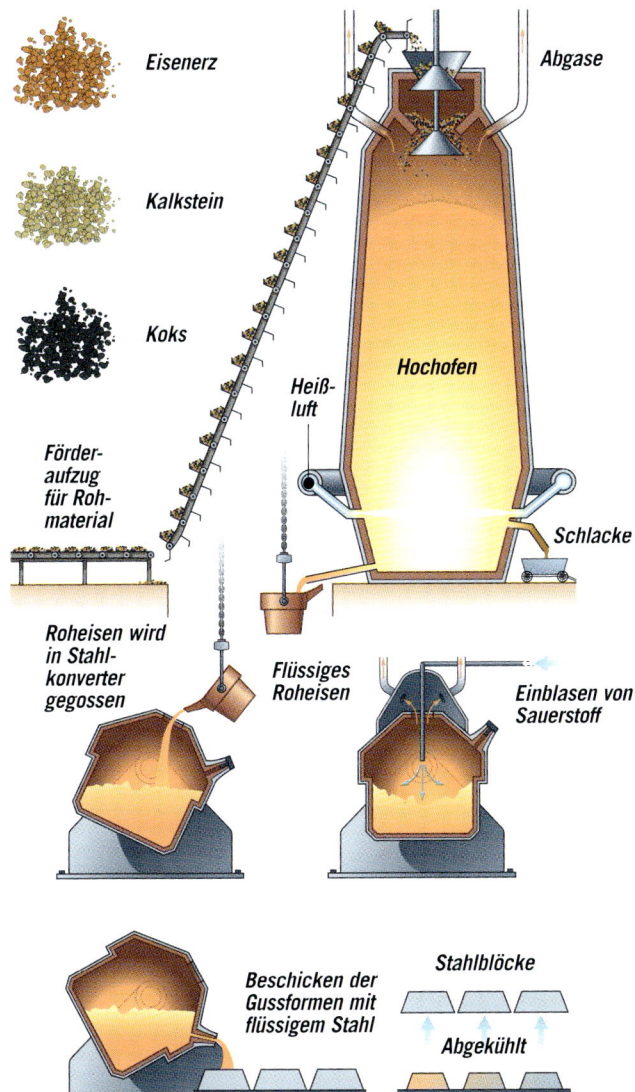

Eine der ältesten Methoden zum Formen von Glas ist das Glasblasen. Mit einem langen Metallrohr, der Glaspfeife, wird ein zähflüssiger Glasbatzen aufgenommen, wie ein Ballon aufgeblasen und dann in Form gebracht. Glasbläser gibt es bereits seit dem Altertum.

In vielen verarbeitenden Industrien, wie bei der Fertigung von Autos, Kunststoffen oder Elektroartikeln, übernehmen Maschinen immer häufiger die Arbeit von Menschen. Solche hoch automatisierten Betriebe setzen zur Steigerung des Ertrags zunehmend Spezialtechnologien wie die Elektronik und Industrieroboter ein. In manchen Ländern hat diese Entwicklung zu einem Anstieg der Arbeitslosigkeit geführt. Vor allem in Japan und anderen ostasiatischen Staaten setzte sich gegen Ende des 20. Jahrhunderts in der Auto-, Elektronik- und Computerbranche der Trend zur Automatisierung durch.

Eisenerz wird mit Koks und Kalkstein vermischt in einen Hochofen gefüllt und erhitzt, bis das Eisen ausschmilzt und in einen Sammelbehälter tropft. Das flüssige Roheisen gelangt in einen Konverter. Dort wird Sauerstoff eingeblasen, der Unreinheiten, wie z. B. Kohlenstoff, verbrennt und das Roheisen in Stahl verwandelt (konvertiert).

Bei der Glasherstellung (rechts) werden Sand, Kalkstein, Soda und Altglas in einem Ofen verflüssigt (1). Die Glasschmelze kann in eine Form gegossen werden (2). Ein Tauchkolben (3), gefolgt von Druckluft, presst sie gegen die Wandung (4). Bei einem anderen Verfahren erstarrt die Glasschmelze auf einer Zinnschmelze schwimmend (5) zu Tafelglas (6) und wird dann zerschnitten (7).

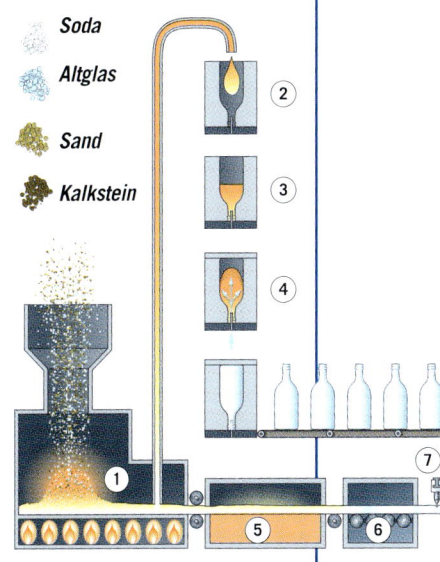

Eisenerz
Kalkstein
Koks
Förderaufzug für Rohmaterial
Hochofen
Heißluft
Schlacke
Roheisen wird in Stahlkonverter gegossen
Flüssiges Roheisen
Einblasen von Sauerstoff
Beschicken der Gussformen mit flüssigem Stahl
Stahlblöcke
Abgekühlt
Abgase

Soda
Altglas
Sand
Kalkstein

INDUSTRIE

FOSSILE BRENNSTOFFE

FOSSILE Brennstoffe – Kohle, Erdöl und Erdgas – haben sich aus den Überresten von Pflanzen und Tieren gebildet, die vor Jahrmillionen abstarben und als Versteinerungen (Fossilien) erhalten blieben.

Kohle entstand vor etwa 350 Millionen Jahren. Damals waren große Teile der Erde von Sümpfen und Seen bedeckt. Üppige Wälder gediehen in den Sümpfen *(rechts)*. Wenn diese Pflanzen zu Grunde gingen, verrotteten sie zu Torf. Im Lauf der Zeit wurde dieser Torf unter Schichten von Sand und Schlamm begraben und immer stärker zusammengepresst, bis er sich in harte, schwarz glänzende Kohle verwandelte. Verwitterungsprozesse, aber auch das Auffalten und Verschieben der Gesteinsschichten infolge der steten Plattenbewegungen der Erdkruste haben dazu geführt, dass manche Kohlelagerstätten nahe an die Oberfläche gelangten und abgebaut werden können.

Kohle wurde erstmals im 18. Jahrhundert gewonnen, als man begann, Hochöfen zur Eisenverhüttung zu befeuern und Dampfmaschinen zu betreiben. Heute wird sie vor allem in Kraftwerken zur Erzeugung von Elektrizität verwendet. Koks, eine hitzebehandelte Form von Kohle, wird in der Eisen- und Stahlproduktion eingesetzt *(siehe Seite 41)*.

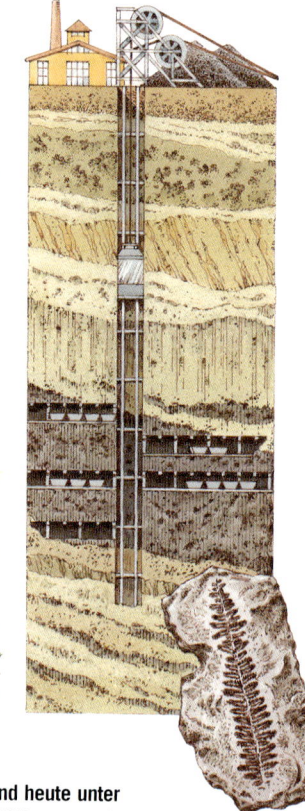

Die meisten Kohlevorkommen sind heute unter Gesteinsschichten begraben und können nur im Untertagebau gewonnen werden *(oben rechts)*. Geologen untersuchen die Gesteinsformationen in der Erdkruste, um die als Flöze bezeichneten Kohlelagerstätten aufzuspüren. Dann legt die Bergwerksgesellschaft Schächte bis hinunter in die Kohleschicht an. Von diesen Schächten werden seitwärts in verschiedenen Höhen Querschläge getrieben und durch so genannte Blindschächte verbunden. Bergleute fahren mit Aufzügen in die Tiefe und bauen die Kohle mit elektrischen Schürfgeräten ab. Das herausgebrochene Material wird auf Förderwagen zum Hauptschacht und von dort an die Oberfläche gebracht.

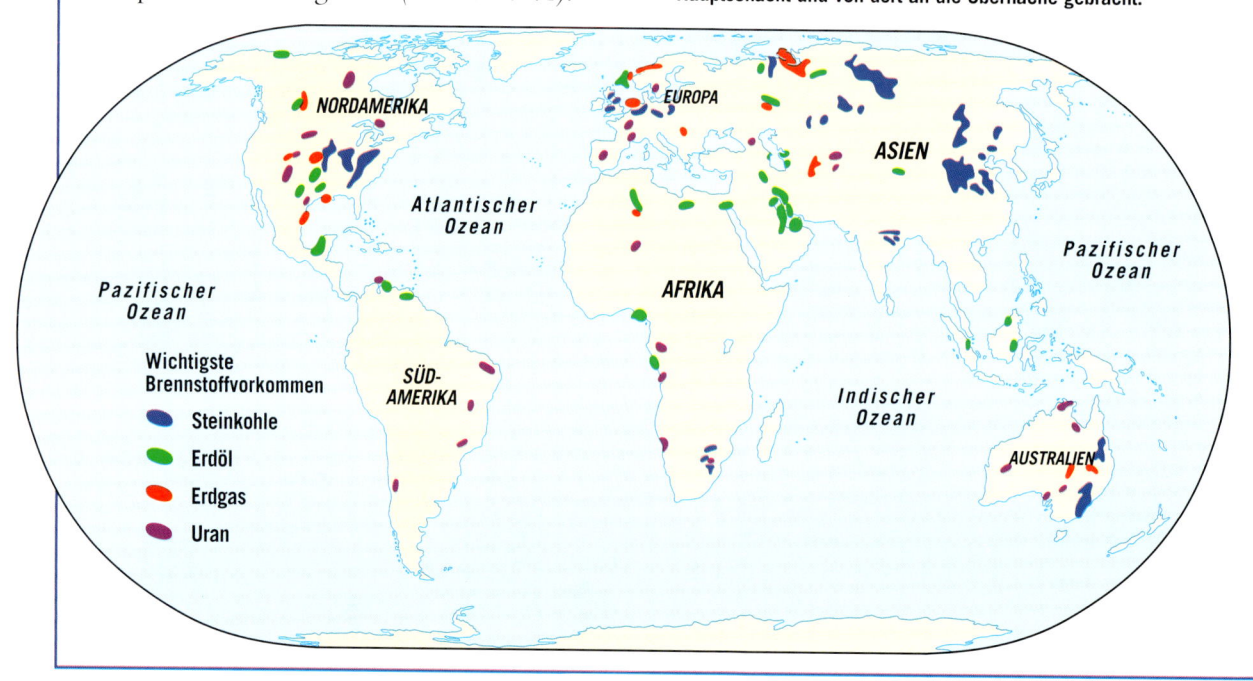

Wichtigste Brennstoffvorkommen
- Steinkohle
- Erdöl
- Erdgas
- Uran

INDUSTRIE

ERDÖL UND ERDGAS

Erdöl wird als Brennstoff für Kraftwerke, Treibstoff für Autos, Schiffe und Flugzeuge sowie als Rohstoff für Kunststoffe und die chemische Industrie verwendet.

Erdöl und Erdgas bildeten sich vor vielen Jahrmillionen auf dem Meeresgrund. Wenn die Pflanzen und Tiere, die in den Ozeanen lebten, starben, sanken sie in die Tiefe und wurden unter Schichten von Sand und Schlick begraben. Hitze, Druck und das Einwirken von Bakterien verwandelten das organische Material in Rohöl und Erdgas.

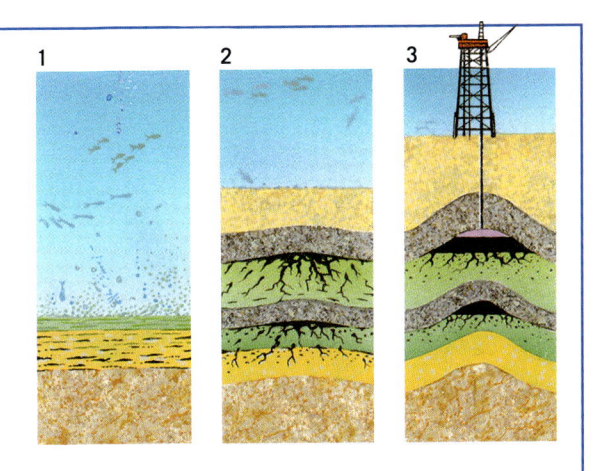

Kleine Tiere und Pflanzen sterben ab und sinken auf den Meeresgrund (1), wo sie von Sedimenten zugedeckt werden. Erdöl und Erdgas, die sich im Lauf der Zeit bilden, sammeln sich unter Kuppeln aus undurchlässigem Gestein (2). Von einem Bohrturm aus wird das Erdöl gefördert (3).

Erdöl unter dem Meeresboden wird von Bohrtürmen gefördert, die auf einer Ölbohrplattform oder -insel montiert sind.

Der Druck im Erdinnern presst das Erdöl durch die porösen Schichten nach oben, bis es an eine undurchlässige Gesteinsschicht stößt. Wenn sich diese Schicht aufwölbt, sammelt sich das Erdöl darunter. Geologen untersuchen die Felsformationen und führen Probebohrungen durch. Wenn sie auf Öl stoßen, werden Bohrungen angelegt. Manchmal ist der Druck so groß, dass das Erdöl von selbst emporsprudelt. Wenn nicht, muss man das Öl mit Pumpen nach oben fördern. Das Rohöl wird über Pipelines oder mit Tankwagen zu einer Raffinerie gebracht, wo man es durch Destillationsverfahren in verschiedene Produkte aufspaltet *(rechts)*.

Das Öl wird am Boden eines riesigen Kessels, des Fraktionierturms, zum Sieden gebracht. Die dabei entstehenden Dämpfe steigen auf, kühlen sich ab und kondensieren bei unterschiedlichen Temperaturen zu Flüssigkeiten. Zwischenböden in verschiedenen Höhen sammeln die Kondensate. Aus den abgetrennten (fraktionierten) Stoffen entstehen diverse Erdölprodukte wie Benzin, Kerosin oder Dieselöl. Während sich oben im Turm Gas sammelt, setzen sich die schwersten Stoffe wie das im Straßenbau verwendete Bitumen am Boden ab. Sie können erneut raffiniert und in Schmieröle umgewandelt werden.

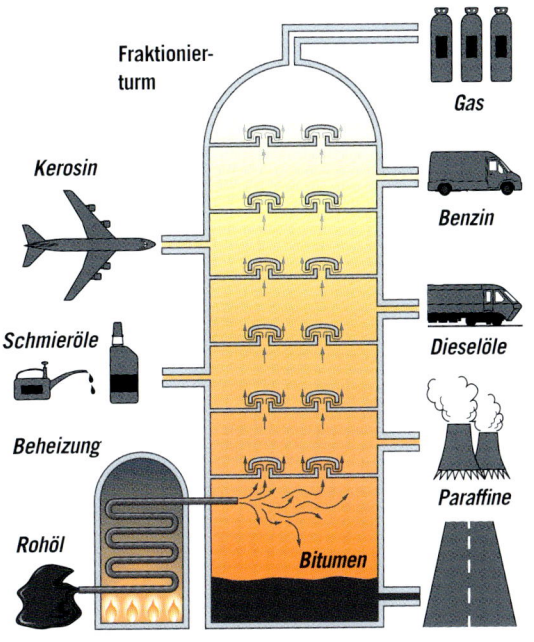

INDUSTRIE

ELEKTRIZITÄT

ELEKTRIZITÄT ist eine Energieform, die Maschinen antreibt und uns mit Licht und Wärme versorgt. Damit sie genutzt werden kann, muss Elektrizität als Strom fließen. 1831 entdeckte der britische Physiker Michael Faraday, dass elektrischer Strom durch eine Drahtschleife floss, wenn er sie im Kraftfeld eines Magneten bewegte. Nach diesem Prinzip wird noch heute Elektrizität in Kraftwerken erzeugt. In Wärmekraftwerken wird durch Verbrennung von Kohle, Öl oder Gas Wasser erhitzt und Dampf zum Antrieb von Generatoren erzeugt.

Dämme wie der Hoover-Damm am Colorado (USA) stauen das Wasser in großen Speicherbecken oberhalb von Wasserkraftwerken.

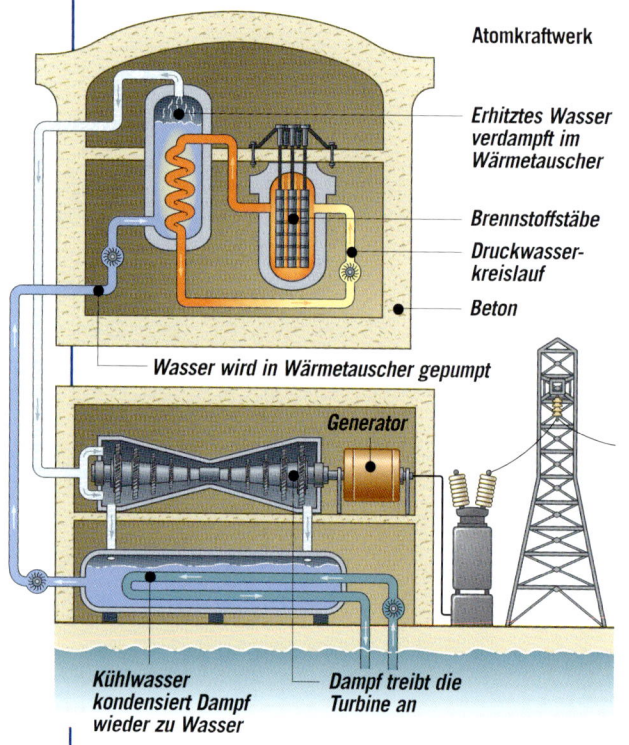

Atomkraftwerk
- Erhitztes Wasser verdampft im Wärmetauscher
- Brennstoffstäbe
- Druckwasserkreislauf
- Beton
- Wasser wird in Wärmetauscher gepumpt
- Generator
- Kühlwasser kondensiert Dampf wieder zu Wasser
- Dampf treibt die Turbine an

Im Reaktor eines Atomkraftwerks findet die so genannte Kernspaltung statt. Bei dieser Reaktion freigesetzte Neutronen – Bestandteile eines jeden Atomkerns – treffen auf andere Atomkerne, spalten diese und setzen so weitere Neutronen frei. Es entsteht eine Kettenreaktion, die ungeheure Mengen an Wärmeenergie liefert. Diese Wärme dient zum Erhitzen des Wassers, das den Reaktor umgibt.

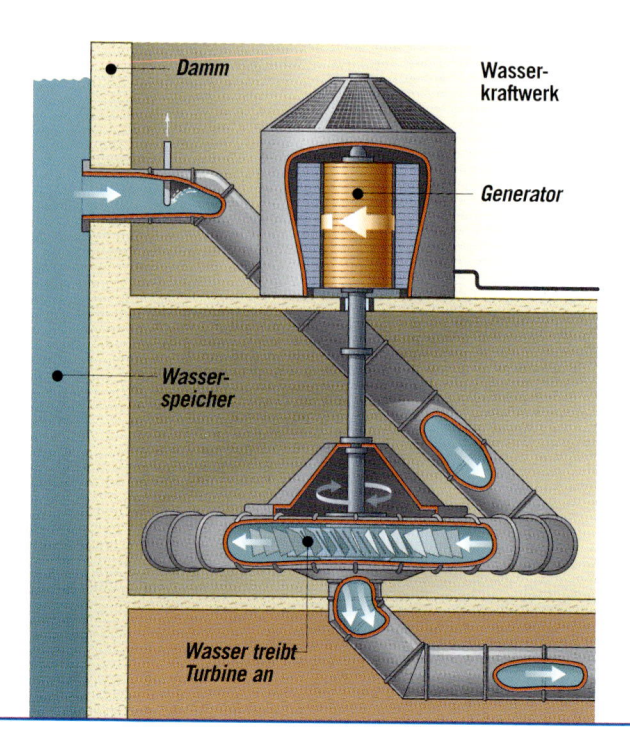

Wasserkraftwerk
- Damm
- Generator
- Wasserspeicher
- Wasser treibt Turbine an

Der Wasserdampf schießt durch Rohre und dreht ein Laufrad mit gekrümmten Schaufeln, die Turbine. Diese Turbine ist mit einem riesigen, von Kupferdrahtwicklungen umgebenen Magneten verbunden, dem so genannten Generator. Sie versetzt den Magneten in Drehung und erzeugt so elektrischen Strom.

Atomkraftwerke *(oben)* verwenden zur Erzeugung von Wasserdampf das Mineral Uran, das sich wie alle Elemente auf der Erde aus winzigen Bausteinen, den Atomen, zusammensetzt. Bei der Spaltung dieser Uran-Atome wird eine gewaltige Wärmemenge frei, mit der Wasser erhitzt werden kann.

INDUSTRIE

Wasserkraftwerke *(siehe Abbildung unten links)* nutzen schnell strömendes Wasser zum Antreiben der Turbinen. Zu diesem Zweck wird ein Staudamm mit Speicherbecken an einem Fluss oberhalb des Kraftwerks angelegt. Ein Teil des aufgestauten Wassers schießt dann unter hohem Druck durch Fallrohre in die Tiefe und dreht die Turbinen, die mit den Stromgeneratoren gekoppelt sind.

STROMVERSORGUNG

Die Übertragung der elektrischen Energie vom Kraftwerk zum Verbraucher erfolgt durch dicke Kabel, die von hohen Masten getragen werden. In Umspannwerken wird durch so genannte Transformatoren die für Überlandleitungen nötige Hochspannung und später die vom Endverbraucher benötigte niedrigere Spannung erzeugt. Anschließend gelangt der Strom über Verteilerstationen zu Haushalten, Fabriken, Geschäften und Büros.

Ein dichtes Leitungsnetz gewährleistet die lückenlose Versorgung eines Landes mit Elektrizität.

Kraftwerk

Umspannwerk

Masten

Umspannwerke

Verteilerstation

Viele Eisenbahnen werden elektrisch betrieben. Der Strom stammt meist von einer Oberleitung, mit der die Lok verbunden ist.

ALTERNATIVE ENERGIEN

Kohle- und Ölkraftwerke verschmutzen die Umwelt. Fossile Brennstoffe können nicht erneuert werden. Unfälle in Atomkraftwerken stellen ein hohes Sicherheitsrisiko dar. Deshalb müssen neue Wege zur Stromerzeugung gefunden werden. Aussichtsreich sind Windturbinen und Windfarmen, Sonnenenergie (die in Solarkollektoren gespeichert und in elektrische Energie umgewandelt werden kann) sowie Gezeiten- und Wellenkraftwerke.

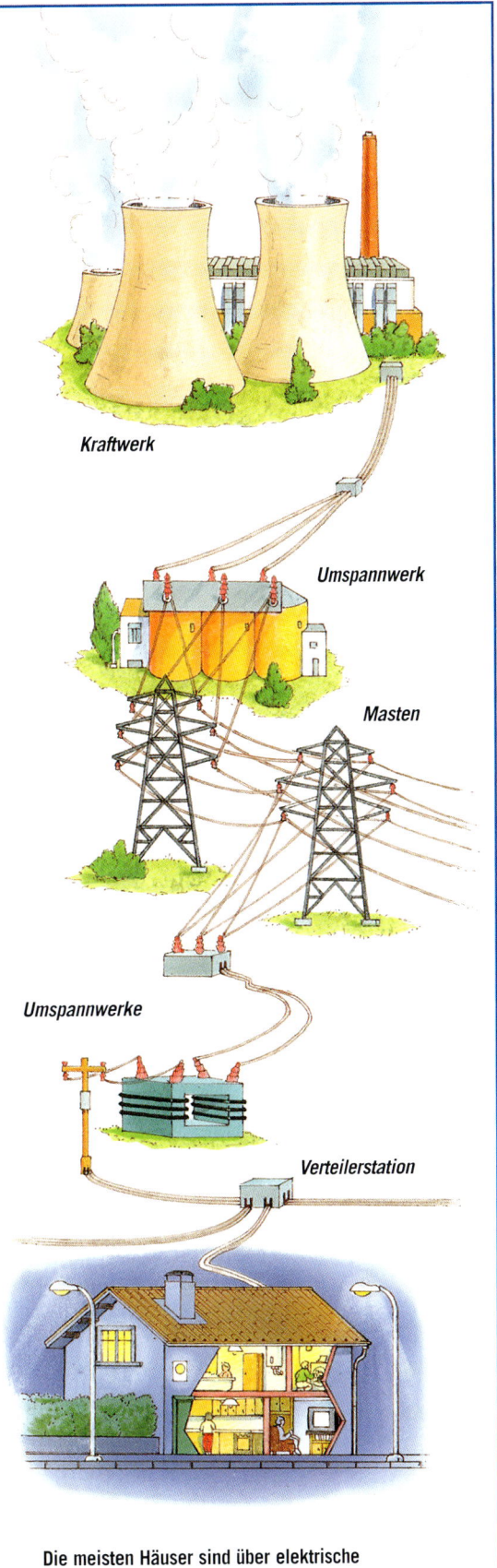

Die meisten Häuser sind über elektrische Leitungen mit dem Stromnetz verbunden. Stecker und Steckdose koppeln unsere Elektrogeräte mit dem öffentlichen Versorgungssystem.

Transport und Verkehr

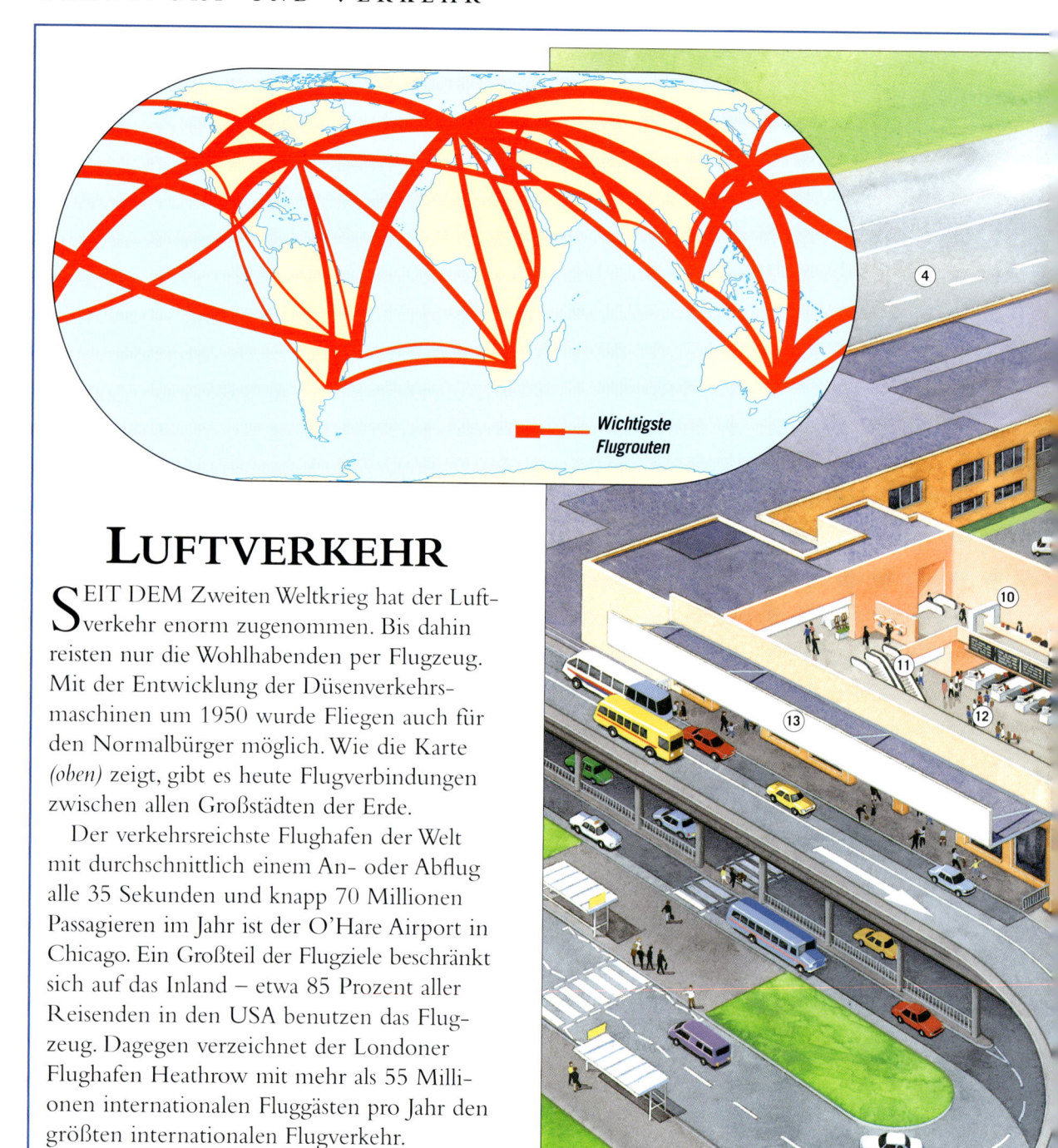

Wichtigste Flugrouten

LUFTVERKEHR

SEIT DEM Zweiten Weltkrieg hat der Luftverkehr enorm zugenommen. Bis dahin reisten nur die Wohlhabenden per Flugzeug. Mit der Entwicklung der Düsenverkehrsmaschinen um 1950 wurde Fliegen auch für den Normalbürger möglich. Wie die Karte *(oben)* zeigt, gibt es heute Flugverbindungen zwischen allen Großstädten der Erde.

Der verkehrsreichste Flughafen der Welt mit durchschnittlich einem An- oder Abflug alle 35 Sekunden und knapp 70 Millionen Passagieren im Jahr ist der O'Hare Airport in Chicago. Ein Großteil der Flugziele beschränkt sich auf das Inland – etwa 85 Prozent aller Reisenden in den USA benutzen das Flugzeug. Dagegen verzeichnet der Londoner Flughafen Heathrow mit mehr als 55 Millionen internationalen Fluggästen pro Jahr den größten internationalen Flugverkehr.

Auf einem großen, modernen Flughafen sind Tausende von Menschen beschäftigt. Die Fluglotsen im Kontrollturm oder Tower weisen den Maschinen ihre Runways (Start- und Landebahnen) zu und bestimmen den jeweils sichersten Start- und Landezeitpunkt.

Spezialisten an der Gepäckabfertigung verstauen oder entladen die Koffer und Taschen der Reisenden. Sobald die Passagiere von Bord gegangen sind, wird das Flugzeug für den nächsten Start vorbereitet und unter Aufsicht der Flughafen-Feuerwehr betankt.

Im Terminal oder Flughafengebäude holen die Passagiere ihr Gepäck ab und gehen durch den Zollschalter, wo Beamte kontrollieren, ob sie Waren mitführen, für die eine Einfuhr- oder Ausfuhrsteuer zu entrichten ist.

Flughäfen kümmern sich auch um Luftfracht. Die Waren befinden sich vor dem Beladen der Maschinen in Lagerhäusern und werden nach Ankunft ebenfalls dort untergebracht, bis die Zollbehörden sie freigeben.

Transport und Verkehr

Sicherheitskräfte tasten die Passagiere mit Metallsuchgeräten nach Waffen ab und durchleuchten ihr Handgepäck mit Röntgenstrahlen. Auslandsreisende müssen zudem an den Einwanderungsschalter, wo sie ihre Pässe und eventuell erforderlichen Visa (amtliche Sichtvermerke) vorweisen müssen. Die Flughafengebäude sind mit Wartehallen und Restaurants ausgestattet, in denen die Passagiere die Zeit bis zum Abflug verbringen können.

LEGENDE

1 *Radar*	11 *Rolltreppen*
2 *Landung*	12 *Check-in-Schalter*
3 *Start*	13 *Terminalgebäude*
4 *Runway*	14 *Tankfahrzeug*
5 *Kontrollturm*	15 *Verladen des Gepäcks*
6 *Gangway*	16 *Feuerwehrauto*
7 *Wartebereich*	17 *Flughafenbus*
8 *Rollband*	18 *Kofferkulis*
9 *Gangway-Einlass*	19 *Jumbojet (Boeing 747)*
10 *Sicherheits-Check*	20 *Fahrbare Treppe*

TRANSPORT UND VERKEHR

HÄFEN UND WASSERSTRASSEN

OBWOHL Flugzeuge heute weltweit die meisten Passagiere befördern, stellt die Schifffahrt immer noch eine wichtige Verbindung zwischen den Ländern dar. Das gilt vor allem für den Güterverkehr. Es gibt riesige Spezialfrachter und Supertanker, die fast 500 Meter lang sind. Auf Containerschiffen befindet sich die Fracht in Stahlbehältern, die man wie Bauklötze stapeln und direkt auf Lastwagen oder Güterzüge umladen kann.

Der Rhein *(oben)* entspringt in der Schweiz, fließt zunächst entlang der Grenze zwischen Frankreich und Deutschland und dann durch Deutschland und die Niederlande, ehe er bei Rotterdam in die Nordsee mündet. Er ist eine der wirtschaftlich bedeutendsten Wasserstraßen Europas. Neben den Lastkähnen sind aber auch Ausflugsschiffe mit Touristen unterwegs, da die Rheinufer mit ihren Weinbergen und romantischen alten Burgen zu den schönsten Landschaften Deutschlands gehören.

Die meistbefahrenen Schifffahrtsrouten *(unten)* verbinden Europa und Nordamerika mit dem Nahen Osten und Ostasien. Fast alle Schiffe kürzen ihren Weg durch den Suez- oder Panamakanal ab. Nur die Supertanker, die zu groß für den Suezkanal sind, müssen immer noch die Südspitze von Afrika umfahren.

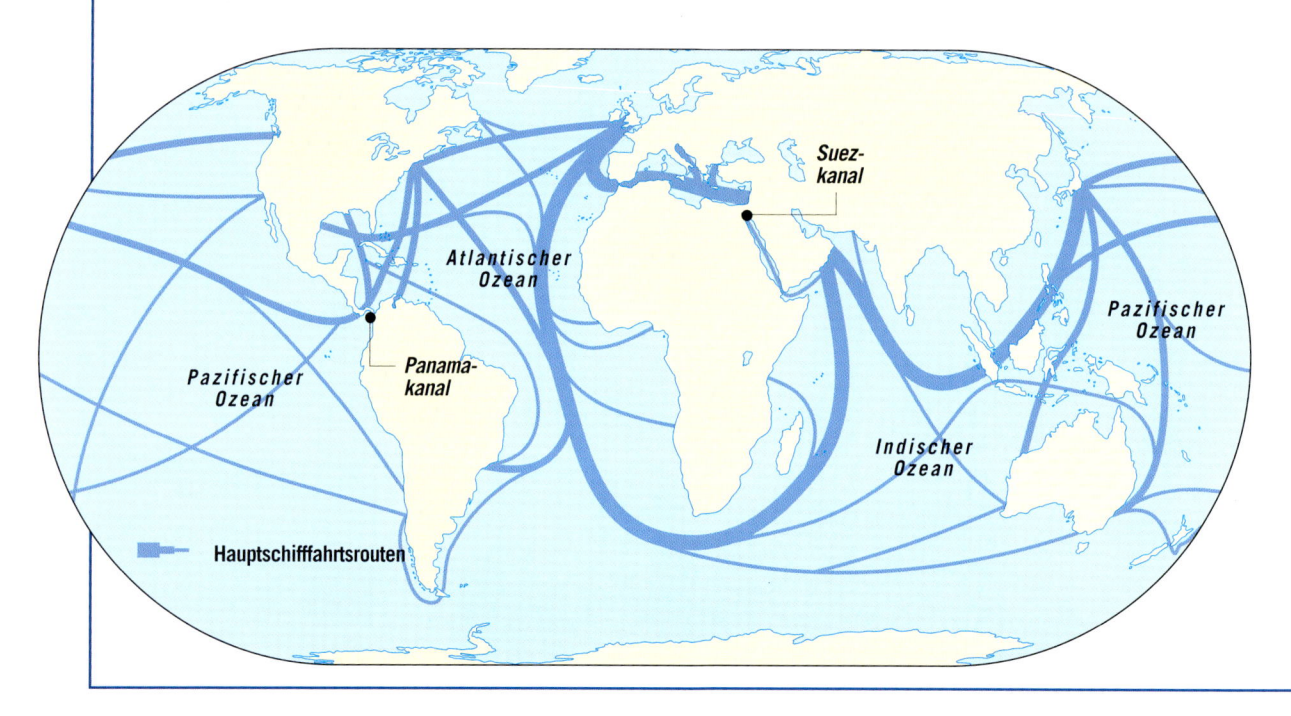

Ein Eisbrecher pflügt eine Rinne in das Packeis und macht damit anderen Schiffen die Durchfahrt frei.

Hauptschifffahrtsrouten

TRANSPORT UND VERKEHR

Der Panamakanal führt durch den so genannten Isthmus von Panama, eine Landenge in Zentralamerika. Vor seinem Bau mussten Schiffe die für ihre raue See berüchtigte Südspitze von Südamerika umfahren, um vom Atlantischen in den Pazifischen Ozean zu gelangen. Der 1914 eröffnete Panamakanal ist immer noch eine der wichtigsten Wasserstraßen der Welt. Kleine Lokomotiven lotsen hochseetaugliche Schiffe durch die Fahrrinnen und das Schleusensystem des Kanals.

Da die modernen Schiffe wesentlich größer sind als früher, benötigt man große, sinnvoll angelegte Häfen mit Docks (umschlossene Wasserbecken), damit die Fracht so rasch wie möglich ge- und entladen werden kann. Manche Schiffe befördern Ladungen auch auf großen Flüssen oder künstlich angelegten Wasserstraßen, den Kanälen.

Zwei der bedeutendsten Seekanäle, die eine beträchtliche Abkürzung der Schiffsroute bedeuten, sind der 165 Kilometer lange Suezkanal in Ägypten sowie der 82 Kilometer lange Panamakanal zwischen Atlantik und Pazifik.

Kanäle verbinden oft natürliche Wasserwege und schaffen damit Transportsysteme quer durch einen Kontinent. Der Main-Donau-Kanal zum Beispiel ermöglicht den Güterverkehr zwischen Ost- und Westeuropa. In den USA und Kanada ist ein Kanalnetz von mehr als 41 000 Kilometern mit dem Sankt-Lorenz-Strom und dem Mississippi sowie deren Nebenflüssen gekoppelt. Der Sankt-Lorenz-Seeweg verbindet die Großen Seen und Städte wie Chicago, Detroit, Cleveland oder Toronto mit dem Atlantik.

Auf den Binnen-Wasserstraßen der Industrieländer, wie dem Rhein in Deutschland, befindet sich die Fracht auf Lastkähnen, die von Schleppschiffen gezogen werden. An einem Schlepper hängen meist mehrere Lastkähne gleichzeitig. Be- und entladen werden die Kähne im niederländischen Rotterdam, einem der wichtigsten See-Umschlaghäfen der Welt. Der größte Binnenhafen der Welt ist Antwerpen in Belgien. Obwohl er knapp 90 Kilometer vom offenen Meer entfernt ist, werden hier Waren aller Art ge- und entladen.

Rotterdam ist mit etwa 300 Millionen Tonnen Fracht pro Jahr die Drehscheibe des westeuropäischen Warenimports und -exports, dazu ein Industriezentrum mit zahlreichen Ölraffinerien *(siehe Seite 43)*. Die Docks von Rotterdam liegen am Nieuwe Waterweg, einem Kanal, der die Stadt mit der Nordsee verbindet. Ärmelkanal und Nordsee zählen weltweit zu den Regionen mit dem dichtesten Schiffsverkehr.

BAUTECHNIK

BAUEN

SEIT EH und je haben die Menschen Bauten errichtet, als schützende Behausungen, Denkmäler oder Orte der Götterverehrung. Bereits um 3000 v. Chr. wurden im Mittleren Osten Ziegel aus getrocknetem Lehm verwendet. Heute ist Beton, eine Mischung aus Zement, Wasser und Sand oder Kies, der am weitesten verbreitete Baustoff. Seit Ende des 19. Jahrhunderts wird Stahlbeton eingesetzt und ist aus der modernen Bautechnik nicht mehr wegzudenken.

Nach dem Abriss eines alten Gebäudes wird der Schutt weggebracht und das Gelände für einen Neubau eingeebnet.

Eine Ramme *(oben)* **ist ein riesiger mechanischer Hammer, der lange Metallpfähle als Stützpfeiler tief in das Erdreich treibt.**

Es gibt zwei Bautypen. Der erste Typ besteht aus festen oder „tragenden" Wänden, die „lastende" Teile wie Böden oder Dach eines Gebäudes stützen. Der zweite Typ besitzt eine Rahmenkonstruktion aus Holz, Stahl oder Beton, die das Gewicht des Bauwerks aufnimmt.

Die meisten Gebäude benötigen Fundamente oder Gründungen (stabile Grundmauern), um nicht einzusinken oder zu kippen. Fundamente können unterirdische Stützmauern, Flachgründungen oder in das Erdreich gerammte Pfähle (unterirdische Stützpfeiler) sein.

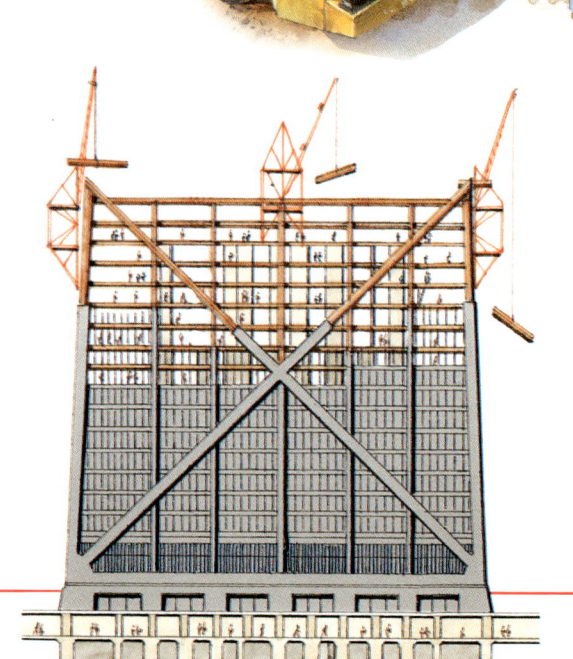

Wolkenkratzer werden meist von Caissons oder Senkkästen getragen, einem Fundament, bei dem ein Hohlkörper aus Stahl in den Boden getrieben und mit Beton gefüllt wird. Wenn die Caissons fertig sind, errichtet man darüber dicke Kellerwände aus Beton, die als Basis für die Rahmenkonstruktion dienen. Turmkräne bringen die Stahlträger in die richtige Position, und Aufzugschächte aus Beton werden angelegt. Sobald der Rahmen steht, verkleidet man ihn mit Fassaden aus Glas und Metall.

MONUMENTALBAUTEN

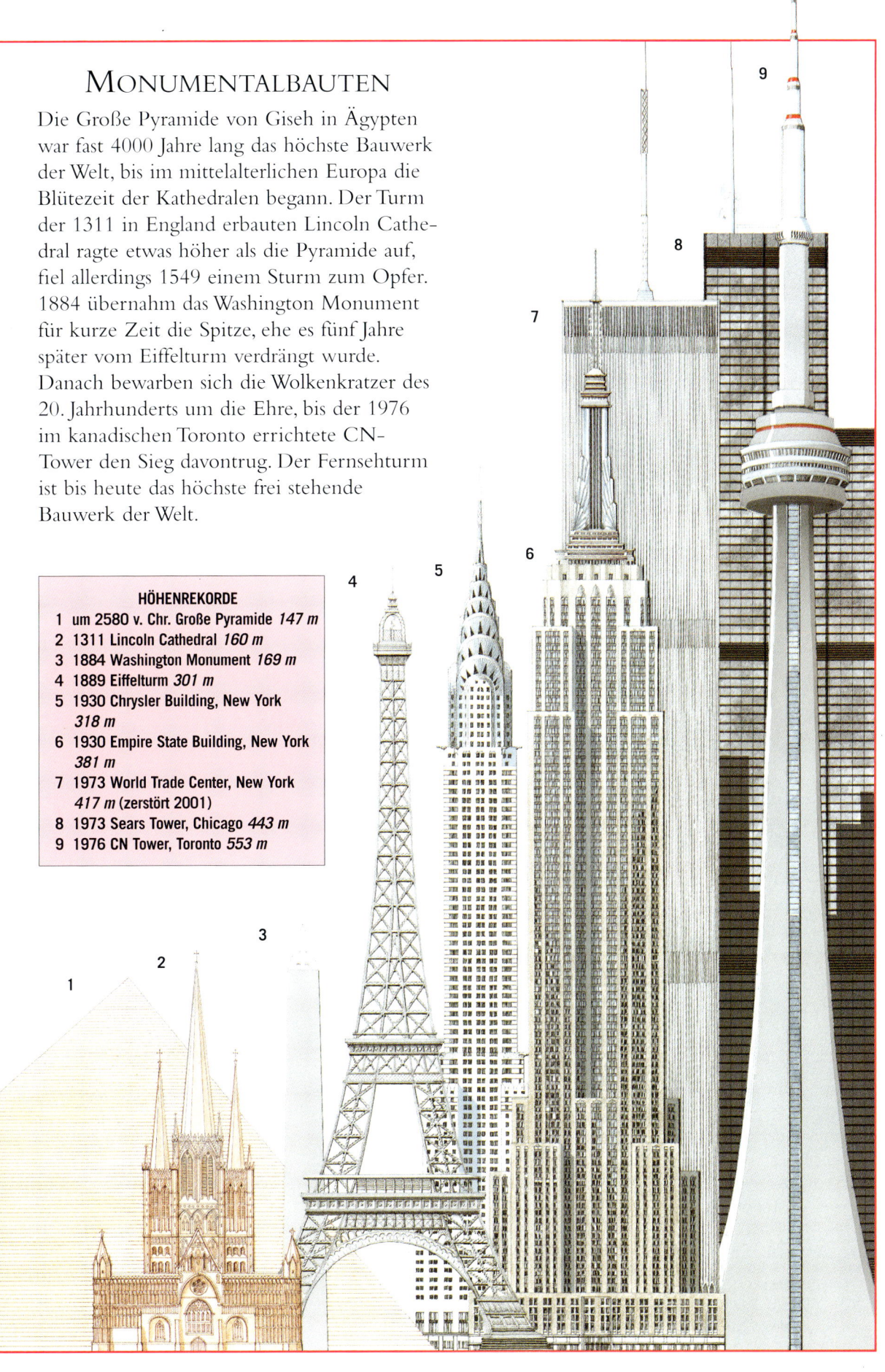

Die Große Pyramide von Giseh in Ägypten war fast 4000 Jahre lang das höchste Bauwerk der Welt, bis im mittelalterlichen Europa die Blütezeit der Kathedralen begann. Der Turm der 1311 in England erbauten Lincoln Cathedral ragte etwas höher als die Pyramide auf, fiel allerdings 1549 einem Sturm zum Opfer. 1884 übernahm das Washington Monument für kurze Zeit die Spitze, ehe es fünf Jahre später vom Eiffelturm verdrängt wurde. Danach bewarben sich die Wolkenkratzer des 20. Jahrhunderts um die Ehre, bis der 1976 im kanadischen Toronto errichtete CN-Tower den Sieg davontrug. Der Fernsehturm ist bis heute das höchste frei stehende Bauwerk der Welt.

HÖHENREKORDE
1. um 2580 v. Chr. Große Pyramide *147 m*
2. 1311 Lincoln Cathedral *160 m*
3. 1884 Washington Monument *169 m*
4. 1889 Eiffelturm *301 m*
5. 1930 Chrysler Building, New York *318 m*
6. 1930 Empire State Building, New York *381 m*
7. 1973 World Trade Center, New York *417 m* (zerstört 2001)
8. 1973 Sears Tower, Chicago *443 m*
9. 1976 CN Tower, Toronto *553 m*

BAUTECHNIK

LEGENDE

1. Antennen
2. Klimaanlage
3. Wassertanks
4. Restaurant
5. Observatorium
6. Wohnungen
7. Swimmingpool
8. Nottreppe
9. Aufzüge
10. Büroräume
11. Parkdecks
12. Ausstellungsräume
13. Aufzüge
14. Foyers und Läden
15. Stahlrahmen um die Caissons
16. Aufzug-Dämpfer
17. Caissons

Im Zentrum des Wolkenkratzers befindet sich ein Kern aus Stahlbeton. Er enthält den Aufzugschacht (A) des Gebäudes sowie einen Schacht für die Klimaanlage und die sonstigen Versorgungssysteme (B). Querstützen aus Beton verbinden Kern und Fassade und tragen die Böden (C). Der Stahlrahmen (D), versteift durch robuste Diagonalstreben (E), nimmt das Gewicht des Bauwerks auf.

WOLKENKRATZER

WOLKENKRATZER sind sehr hohe Gebäude, die meist mehr als 20 Stockwerke haben. Ihr Gewicht wird nicht von Mauern, sondern von einem Stahlskelett getragen. Sie sind ein Wahrzeichen vieler Großstädte, insbesondere in Nordamerika und Ostasien, wo Platzmangel und hohe Grundstückspreise die Bauherren zwingen, eher in die Höhe als in die Breite zu planen.

Der erste Wolkenkratzer war das Home Insurance Building in Chicago. Er wurde 1884 errichtet. Von da an entstanden in Chicago, New York und anderen amerikanischen Großstädten immer mehr Häuserriesen, die sich meist gegenseitig zu übertrumpfen versuchten. In jüngerer Zeit beteiligten sich auch andere Länder – allen voran Japan, Malaysia und China – an der Konkurrenz um den höchsten Wolkenkratzer der Welt.

1968 wurde in Chicago das John Hancock Center fertiggestellt – ein Gigant mit Wohn- und Geschäftsräumen, der momentan der sechsthöchste Wolkenkratzer ist. Er ist 344 Meter hoch, besitzt jedoch zusätzlich 105 Meter hohe Doppelantennen, so dass er insgesamt eine Höhe von knapp 450 Metern erreicht. Die Konstruktion besteht aus einem robusten Betonkern, umgeben von einem freien Raum und dem äußeren Stahlrahmen. Der Rahmen wird durch Diagonalstreben verstärkt, die der Konstruktion maximale Festigkeit verleihen.

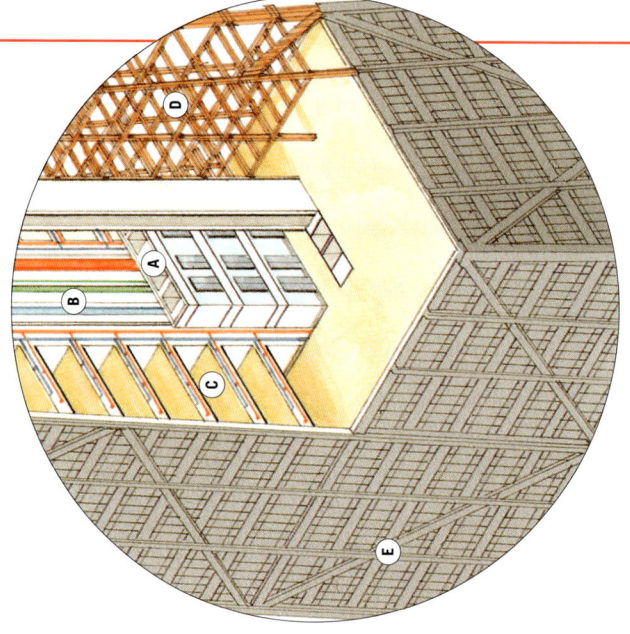

BAUTECHNIK

Das John Hancock Center ist wie eine Stadt im Turmformat. Man findet hier Läden, eine Bank, ein Postamt, ein Restaurant, einen Swimmingpool und ein Fitnesszentrum. Es gibt 50 Aufzüge, und man benötigt nicht mehr als 39 Sekunden bis in die 94. Etage. Parkdecks mit Stellplätzen für 1200 Autos und einer spiralförmigen Auffahrtsrampe nehmen die ersten sieben Stockwerke ein. In dem Gebäude sind mehr als 2000 Kilometer Elektrokabel verlegt. Der Stromverbrauch entspricht dem einer Stadt mit 30 000 Einwohnern und der Wasserverbrauch beläuft sich auf über 2,75 Millionen Liter täglich.

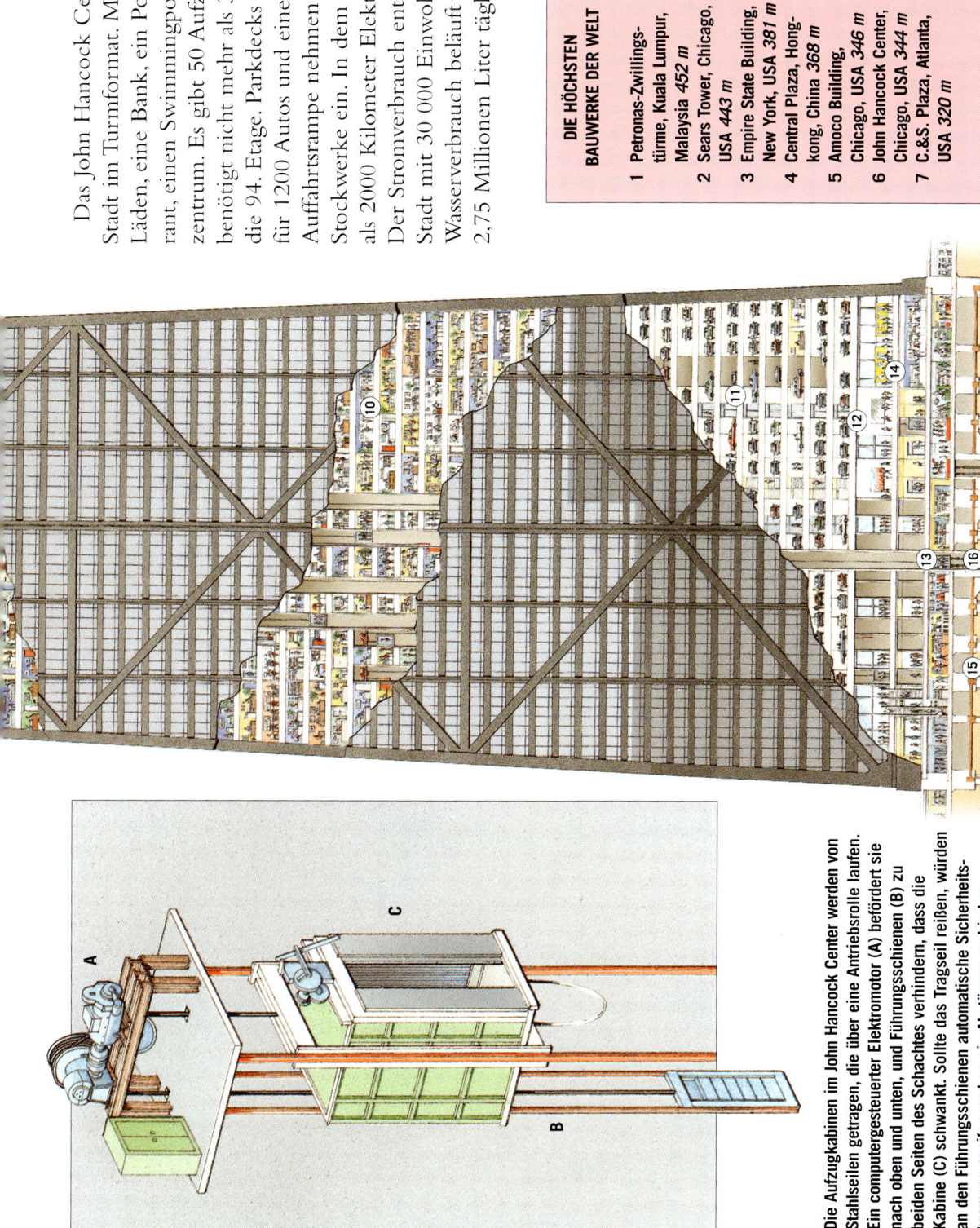

DIE HÖCHSTEN BAUWERKE DER WELT

1. Petronas-Zwillingstürme, Kuala Lumpur, Malaysia *452 m*
2. Sears Tower, Chicago, USA *443 m*
3. Empire State Building, New York, USA *381 m*
4. Central Plaza, Hongkong, China *368 m*
5. Amoco Building, Chicago, USA *346 m*
6. John Hancock Center, Chicago, USA *344 m*
7. C.&S. Plaza, Atlanta, USA *320 m*

Die 452 m hohen Petronas-Zwillingstürme in Kuala Lumpur, Malaysia, sind derzeit das höchste Bürogebäude der Welt.

Die Aufzugkabinen im John Hancock Center werden von Stahlseilen getragen, die über eine Antriebsrolle laufen. Ein computergesteuerter Elektromotor (A) befördert sie nach oben und unten, und Führungsschienen (B) zu beiden Seiten des Schachtes verhindern, dass die Kabine (C) schwankt. Sollte das Tragseil reißen, würden an den Führungsschienen automatische Sicherheitsbremsen greifen und so ein Abstürzen verhindern.

BAUTECHNIK

BRÜCKEN

SCHON im Altertum errichtete man Brücken über Schluchten, Flüsse und sonstige Gewässer. Die frühesten Brücken waren aus Holz gebaut, das leicht verrottete und sich nur für kleinere Übergänge eignete. In manchen Teilen der Welt benutzten die Menschen auch schwankende Gebilde aus Holz und Seilen, an denen sie sich entlang hangelten. Steinerne Brücken können Jahrhunderte überdauern. Allerdings kostet es große Mühe, Steine heranzuschaffen, und längere Steinbrücken benötigen viele Stützpfeiler.

Während der Industriellen Revolution, die Ende des 18. Jahrhunderts begann, entstanden die ersten Brücken aus Eisen. Sie waren wesentlich beständiger als Holzbrücken und konnten größere Entfernungen überspannen als Steinbrücken. Die erste Eisenbrücke wurde 1779 im englischen Coalbrookdale errichtet.

Moderne Brücken sind Konstruktionen aus Stahl und Beton. Sie führen Straßen oder Bahnlinien über Flüsse und Täler, aber auch über andere Verkehrswege. Je nach ihrer Bestimmung gibt es die verschiedensten Brückenkonstruktionen.

Eine Seilbrücke spannt sich über eine tiefe Schlucht in den Anden.

Zu den einfachsten und ältesten Konstruktionen gehört die Balkenbrücke, die an beiden Enden aufliegt. Die ersten Brücken bestanden aus Trittsteinen oder Baumstämmen, die über einen Bach gelegt wurden. Für größere Entfernungen rammte man Holzpfähle als Stützen für die Stämme oder Balken in das Flussbett oder in den Boden. Balkenbrücken, getragen von mehreren Stützpfeilern, sind heute noch weit verbreitet.

Bei der – besonders stabilen – Bogenbrücke wird der Überbau von einem Bogen getragen, der sich an beiden Ufern abstützt. Manche Bogenbrücken sind zu niedrig für durchfahrende Schiffe, so dass der Mittelteil

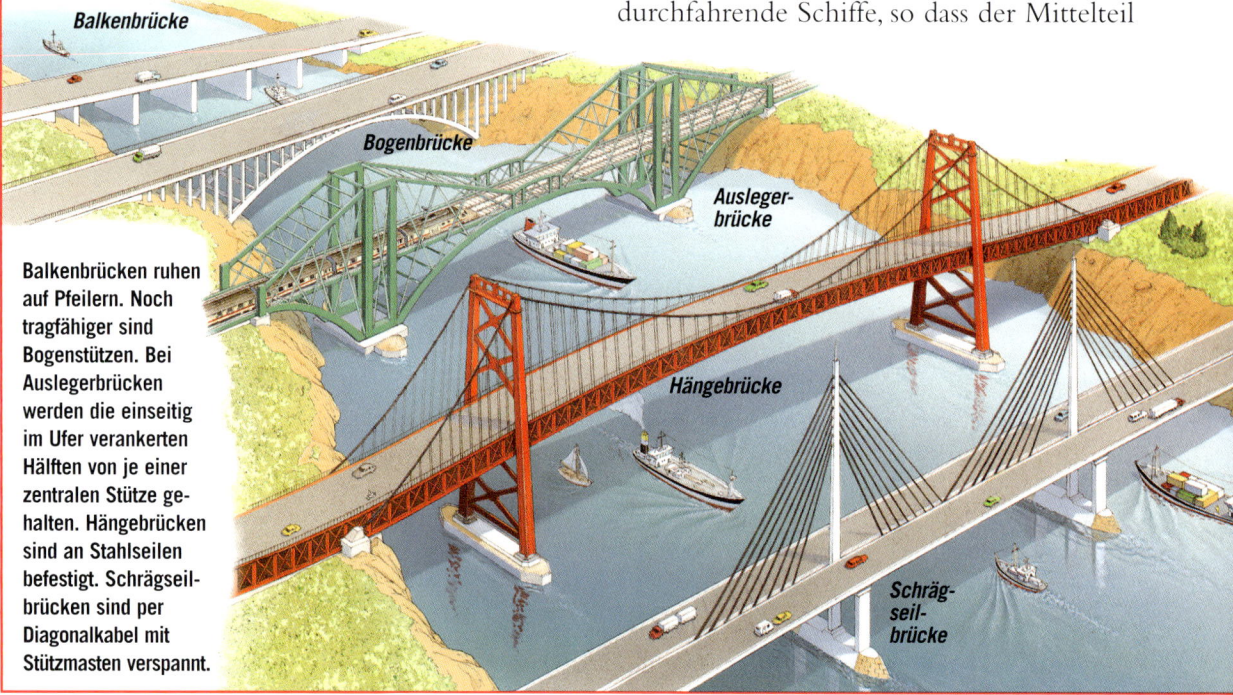

Balkenbrücken ruhen auf Pfeilern. Noch tragfähiger sind Bogenstützen. Bei Auslegerbrücken werden die einseitig im Ufer verankerten Hälften von je einer zentralen Stütze gehalten. Hängebrücken sind an Stahlseilen befestigt. Schrägseilbrücken sind per Diagonalkabel mit Stützmasten verspannt.

Balkenbrücke
Bogenbrücke
Auslegerbrücke
Hängebrücke
Schrägseilbrücke

BAUTECHNIK

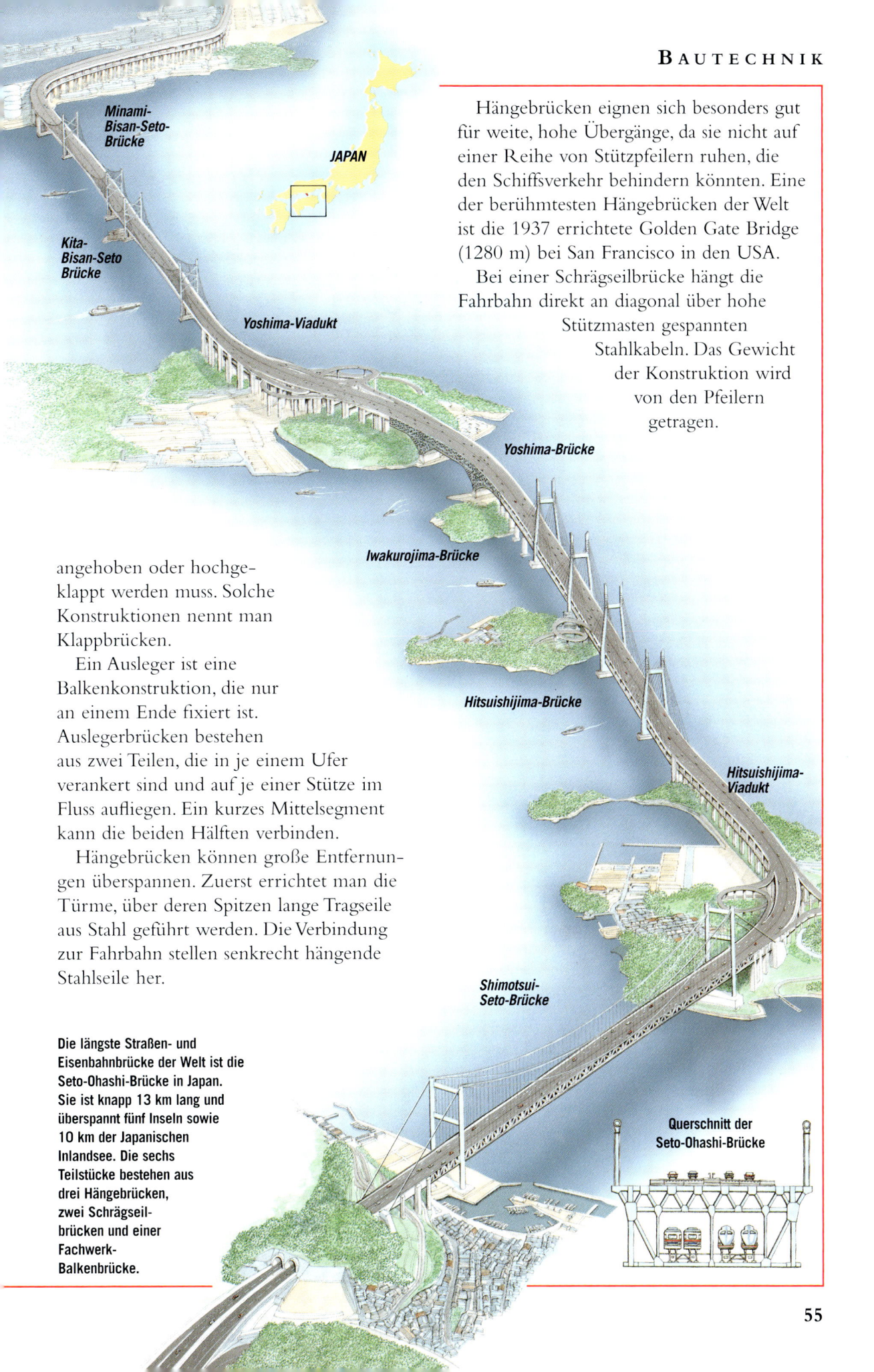

Minami-Bisan-Seto-Brücke

Kita-Bisan-Seto Brücke

JAPAN

Yoshima-Viadukt

Yoshima-Brücke

Iwakurojima-Brücke

Hitsuishijima-Brücke

Hitsuishijima-Viadukt

Shimotsui-Seto-Brücke

Querschnitt der Seto-Ohashi-Brücke

Hängebrücken eignen sich besonders gut für weite, hohe Übergänge, da sie nicht auf einer Reihe von Stützpfeilern ruhen, die den Schiffsverkehr behindern könnten. Eine der berühmtesten Hängebrücken der Welt ist die 1937 errichtete Golden Gate Bridge (1280 m) bei San Francisco in den USA.

Bei einer Schrägseilbrücke hängt die Fahrbahn direkt an diagonal über hohe Stützmasten gespannten Stahlkabeln. Das Gewicht der Konstruktion wird von den Pfeilern getragen.

angehoben oder hochgeklappt werden muss. Solche Konstruktionen nennt man Klappbrücken.

Ein Ausleger ist eine Balkenkonstruktion, die nur an einem Ende fixiert ist. Auslegerbrücken bestehen aus zwei Teilen, die in je einem Ufer verankert sind und auf je einer Stütze im Fluss aufliegen. Ein kurzes Mittelsegment kann die beiden Hälften verbinden.

Hängebrücken können große Entfernungen überspannen. Zuerst errichtet man die Türme, über deren Spitzen lange Tragseile aus Stahl geführt werden. Die Verbindung zur Fahrbahn stellen senkrecht hängende Stahlseile her.

Die längste Straßen- und Eisenbahnbrücke der Welt ist die Seto-Ohashi-Brücke in Japan. Sie ist knapp 13 km lang und überspannt fünf Inseln sowie 10 km der Japanischen Inlandsee. Die sechs Teilstücke bestehen aus drei Hängebrücken, zwei Schrägseilbrücken und einer Fachwerk-Balkenbrücke.

WELTPROBLEME

WOHLSTAND UND ARMUT

DIE KLUFT zwischen den reichen und den armen Ländern der Erde scheint immer größer zu werden. Gemessen am Durchschnittseinkommen der Nationen im oberen und unteren Fünftel der Wohlstandsskala ist dieser Abstand von 30 zu 1 im Jahr 1960 inzwischen auf 80 zu 1 angewachsen. Aber auch innerhalb der Länder gibt es beträchtliche Besitzunterschiede.

Am reichsten sind die Länder mit hoch entwickelten Industrien und Dienstleistungen. Sie können ihre Bewohner optimal versorgen, weil sie entweder sämtliche Produkte und Dienstleistungen selbst zur Verfügung stellen oder diese im Tausch gegen Exportgüter aus anderen Ländern einführen. Dagegen wird in den Entwicklungsgebieten meist nur das Allernötigste zum Überleben erzeugt – und selbst das fällt häufig Seuchen und Klimakatastrophen zum Opfer.

Manche Inder reisen auf dem Dach eines Zuges. Das jährliche Pro-Kopf-Einkommen in Indien beträgt etwa 1600 Dollar.

Die meisten Entwicklungsländer haben derzeit einen extrem hohen Geburtenzuwachs *(siehe Seite 4)* und sind kaum in der Lage, diese Bevölkerungsexplosion zu verkraften.

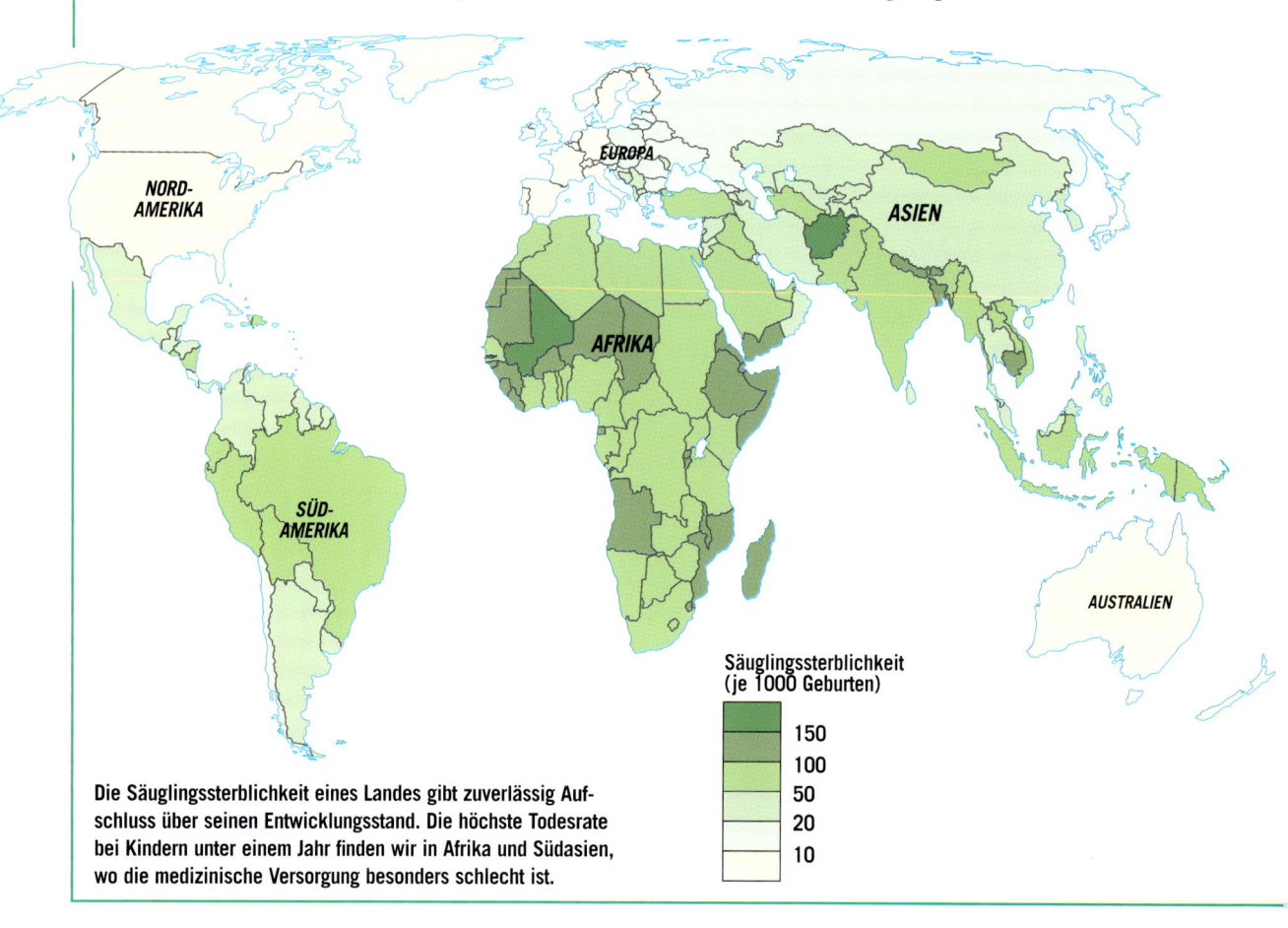

Säuglingssterblichkeit (je 1000 Geburten)
- 150
- 100
- 50
- 20
- 10

Die Säuglingssterblichkeit eines Landes gibt zuverlässig Aufschluss über seinen Entwicklungsstand. Die höchste Todesrate bei Kindern unter einem Jahr finden wir in Afrika und Südasien, wo die medizinische Versorgung besonders schlecht ist.

WELTPROBLEME

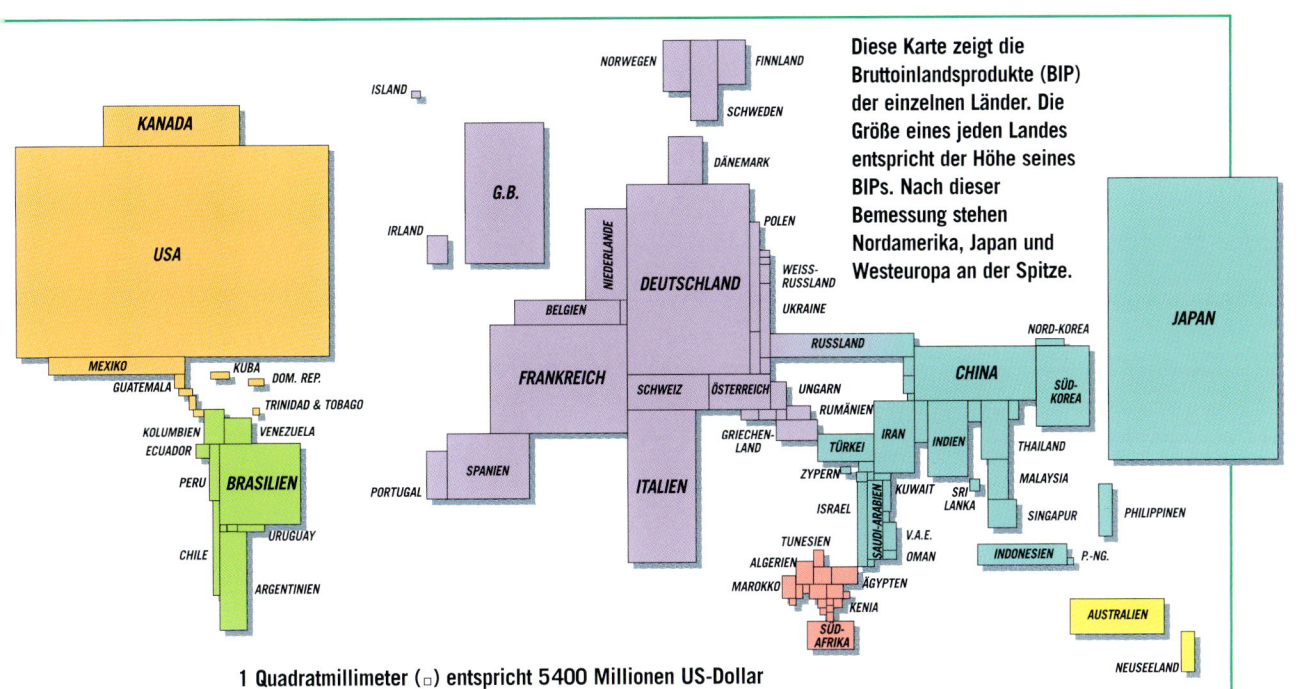

Diese Karte zeigt die Bruttoinlandsprodukte (BIP) der einzelnen Länder. Die Größe eines jeden Landes entspricht der Höhe seines BIPs. Nach dieser Bemessung stehen Nordamerika, Japan und Westeuropa an der Spitze.

1 Quadratmillimeter (□) entspricht 5400 Millionen US-Dollar

In ärmeren Gegenden geschieht es oft, dass die Landbewohner ihre Dörfer verlassen und Arbeit in den Städten suchen. Typisch dafür sind São Paulo und Rio de Janeiro in Brasilien, deren Einwohnerzahlen auf über zehn Millionen hochgeschnellt sind. Da die Neuankömmlinge in den überfüllten Zentren keine Unterkünfte finden, errichten sie meist Barackensiedlungen *(rechts)* in den Außenbezirken. Die Bewohner dieser Elendsviertel oder Slums finden nicht leicht Arbeit und müssen sich deshalb oft mit sehr niedrigen Löhnen zufrieden geben.

Gradmesser für die wirtschaftliche Leistungskraft eines Landes ist das Bruttoinlandsprodukt (BIP). Darunter versteht man den Wert aller Sachgüter und Dienstleistungen, die in einem Land erzeugt werden, einschließlich der Produkte von ausländischen, im Inland ansässigen Firmen. Die auch als Weltwirtschaftsgipfel bezeichnete G-7 (Gruppe der Sieben) setzt sich aus den sieben führenden Industrienationen der Welt zusammen. Diese Länder – die USA, Japan, Deutschland, Frankreich, Großbritannien, Italien und Kanada – erbringen über 60 Prozent des Welt-BIPs. 1996 war die Schweiz das Land mit dem höchsten BIP (pro Kopf 46 000 Dollar). Im gleichen Jahr erreichte Ruanda in Afrika lediglich 100 Dollar pro Kopf.

Wohlhabende Nationen wie die G-7 gewähren den Entwicklungsländern Kredite. Allerdings können die Entwicklungsländer diese Kredite wegen ihres niedrigen BIPs oft nicht zurückzahlen und häufen so gewaltige Schuldenberge an. 1996 stand Japan mit einer Entwicklungshilfe von über 15 Milliarden an der Spitze der Kreditgeber.

WELTPROBLEME

GEFAHREN FÜR DIE UMWELT

DER MENSCH hat die Erde in vielen Bereichen verändert und ihr dadurch manche Schäden zugefügt. Durch den raschen Anstieg der Weltbevölkerung muss immer mehr Platz für Siedlungen und Felder geschaffen werden. Damit werden jedoch die Lebensräume vieler Pflanzen und Tiere zerstört. Einige sind bereits ausgestorben, andere in ihrem Bestand bedroht. Jagd- und Fischfangmethoden stellen eine weitere Gefahr für Tiere dar.

In den letzten 100 Jahren haben sich die Wüstenzonen nahezu verdreifacht. Das liegt zum einen an der Überweidung der spärlichen Vegetation, zum anderen daran, dass Bäume für Feuerholz gefällt werden.

Eine Hauptbelastung für die Umwelt stellt die Industrialisierung dar. Viele Fabriken leiten Abwässer mit schädlichen Chemikalien in die Flüsse und Meere ein, die zum Tod von Pflanzen und Tieren führen.

Diese Karte zeigt das Ausmaß der Umweltgefährdung durch den Menschen: Riesige Regenwaldflächen wurden gerodet, viele Küstengewässer sind verschmutzt, und die Wüsten rücken jedes Jahr weiter vor.

Meeresverschmutzung
- Mittel
- Stark

- Gerodeter Regenwald
- Regenwald
- Wüste
- Gefahr der Wüstenbildung (mittel)
- Gefahr der Wüstenbildung (stark)

Die Ozonschicht der oberen Atmosphäre, die uns gegen die schädliche Ultraviolettstrahlung der Sonne schützt, wird zunehmend abgebaut und weist bereits jetzt ein riesiges Loch über der Antarktis auf. Hauptverantwortlich dafür sind nach Ansicht von Experten Fluorchlorkohlenwasserstoffe (FCKWs) – chemische Substanzen, die häufig in Treibgasen und Kühlschränken verwendet werden.

Durch das Roden von Naturwäldern werden die Lebensräume vieler Pflanzen und Tiere vernichtet. Und es könnte zur globalen Erwärmung beitragen, da Bäume der Luft Kohlendioxid entziehen.

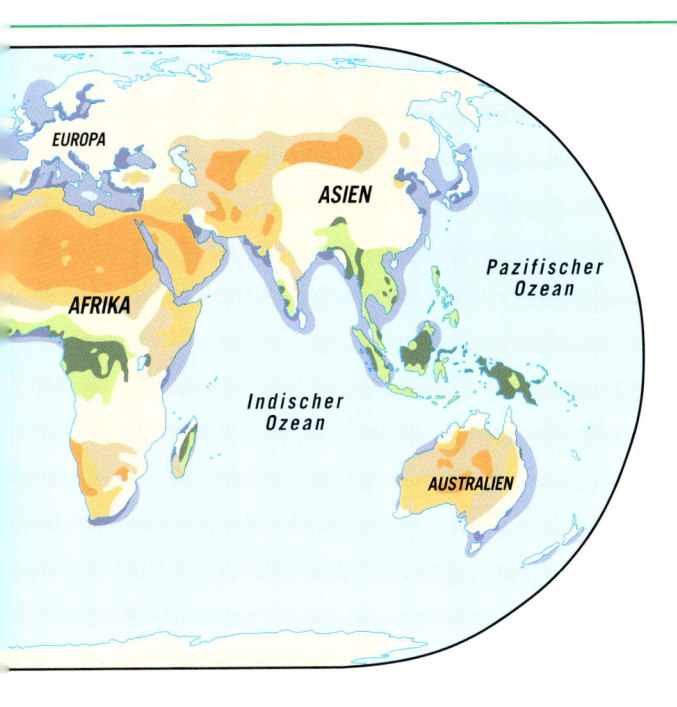

WELTPROBLEME

Der Aralsee in Russland ist teilweise ausgetrocknet, weil seine Zuflüsse zunehmend für die künstliche Bewässerung der Baumwollfelder umgeleitet werden.

Ruß und Abgase von Autos, Fabrikschornsteinen und Kraftwerken verschmutzen die Luft *(unten)*. Dabei vermischen sich giftige Bestandteile wie Schwefeldioxid mit Regen und Nebel und bilden starke Säuren, die großflächig Leben zerstören können. Die Verbrennung fossiler Stoffe führt zudem zu einem Anwachsen von Kohlendioxid.

Kohlendioxid und FCKWs sind Treibhausgase. In der richtigen Mischung halten Treibhausgase in der Atmosphäre gerade soviel Sonnenenergie zurück, dass die Erde nicht zu warm und nicht zu kalt wird. Wenn sie jedoch überhand nehmen, erwärmt sich die Erde zu stark – eine Entwicklung mit verheerenden Folgen. Hält die weltweite Erwärmung weiterhin an, kann es sein, dass das Eis an den Polen schmilzt und tiefer gelegene Küstenregionen überflutet werden. Außerdem würden Klimaveränderungen zu heftigeren Stürmen und längeren Dürreperioden führen als bisher.

LEGENDE
1. *Flugzeugabgase*
2. *Industrieverschmutzung*
3. *Rodung von Wäldern*
4. *Kernkraftwerk*
5. *Kohlekraftwerk*
6. *Müllhalde*
7. *Autoabgase*
8. *Methan von Kühen*

GLOSSAR

Alphabet Die Symbole oder Buchstaben, die in einem Schriftsystem die verschiedenen Lautwerte darstellen.

Autokratie Staatsform, in der ein Einzelner oder das Militär die Alleinherrschaft besitzt

Bewässerung Die Umleitung von Wasser aus Flüssen oder Seen über ein System von Dämmen, Kanälen oder Gräben, um in Trockengebieten das Wachstum von Nutzpflanzen zu fördern.

Brennstoffe Natürlich vorkommende oder veredelte feste, flüssige und gasförmige Stoffe wie Kohle oder Erdöl, die mit Sauerstoff verbrennen und zur Energiegewinnung dienen. In der Kerntechnik Material, aus dem durch Kernspaltung Energie gewonnen wird.

Bundesregierung Eine Regierung wie in Deutschland oder den USA, wo eine Gruppe von Staaten ihre eigenen gewählten Staats- oder Landesregierungen haben, jedoch unter einer zentralen Regierung vereint sind, die in nationalen Fragen entscheidet.

Demokratie Regierung oder Herrschaft des Volkes, meist durch gewählte Volksvertreter.

Dünger Natürliche oder künstlich hergestellte nährstoffreiche Substanz, die dem Garten- oder Ackerboden beigegeben wird, um seine Ergiebigkeit zu steigern.

Ethnische Gruppe Eine größere Gemeinschaft von Menschen mit ähnlicher Kultur, Sprache und äußerer Erscheinung, die ein Gefühl der Zusammengehörigkeit hat, aber nicht politisch geeint sein muss.

Export Ausfuhr von Gütern oder Dienstleistungen in ein anderes Land.

Fasten Verzicht auf oder Einschränkung von Nahrung über einen längeren Zeitraum hinweg; in vielen Religionen als Zeichen der Opferbereitschaft oder Sühne üblich.

Geologe Wissenschaftler, der sich mit dem Aufbau, der Zusammensetzung und Geschichte der Erde befasst.

Globale Erwärmung Der allmähliche Anstieg der Durchschnittstemperatur auf der Erde. Ursache dafür könnte eine Zunahme von Kohlendioxid und den so genannten Fluorchlorkohlenwasserstoffen (FCKWs) in der Atmosphäre sein, die zu viel Sonnenwärme einfangen und festhalten. Die Hauptquelle für Kohlendioxid ist das Verbrennen fossiler Stoffe, während die FCKWs in vielen Sprays und Kühlschränken enthalten sind

Import Einfuhr von Gütern oder Dienstleistungen aus dem Ausland.

Industrie Die gewerbliche Verarbeitung von Rohstoffen wie Mineralen und Feldfrüchten, die Herstellung von Gütern wie Autos, Fernsehgeräten oder Büchern sowie die Bereitstellung von Dienstleistun-gen wie dem Transport- oder Bankwesen.

Industrielle Revolution Umwandlung einer landwirtschaftlich ausgerichteten Gesellschaft in eine Industriegesellschaft, gekennzeichnet durch schnelle Veränderungen in der Produktion und Wirtschaft. Die Entwicklung begann mit der Erfindung der Dampfmaschine gegen Ende des 18. Jahrhunderts in England und breitete sich im 19. Jahrhundert rasch aus.

Keilschrift Von den Sumerern vor ca. 5000 Jahren entwickelte Schrift, deren keilförmige Striche mit einem abgeschrägten Rohrgriffel in feuchte Tontafeln eingedrückt wurden.

Kernenergie Die Energie, die bei der Spaltung oder Verschmelzung von Atomkernen entsteht. In einem Kernreaktor werden durch Spaltung von Atomkernen Neutronen freigesetzt, die auf weitere Atomkerne treffen und immer mehr Neutronen freisetzen – eine Kettenreaktion, bei der ungeheure Mengen an Wärmeenergie produziert und zur Erzeugung von Elektrizität verwendet wird

Kultur Die typische Lebensform einer größeren Gruppe einschließlich Glauben, Wertevorstellungen, Bräuche, Kleidung und Sprache.

Meditation Form konzentrierter religiöser

GLOSSAR

oder spiritueller Besinnung durch Versenken in einen speziellen Bewusstseinszustand.

Megalopolis „Riesenstadt" durch Zusammenwachsen zweier oder mehrerer Großstädte, deren Einwohnerzahl meist bei mehreren Millionen Menschen liegt.

Missionar Geistlicher oder Laie, der an ferne Orte reist, um eine Religion unter Andersgläubigen verbreiten. Am weitesten durch Missionare in die Welt getragen wurde das Christentum.

Monarchie Staats- und Regierungsform mit einer Person (Monarch oder Monarchin), meist einem König oder einer Königin, an der Spitze. In der Erbmonarchie geht das Amt beim Tod des Monarchen auf den Thronfolger über. Manche Monarchen besitzen absolute Macht, andere dagegen beschränken sich auf die Repräsentation ihres Landes nach innen und außen.

Nomaden Nicht sesshafte Viehhirten, die mit ihren Tieren von Weidegrund zu Weidegrund ziehen.

Parlament Die (in der Regel gewählte) Volksvertretung eines Landes oder Volkes, die mindestens für die Gesetzgebung und die Feststellung des Staatshaushalts zuständig ist. Sie kann aus einer oder zwei Kammern bestehen.

Pestizide Chemikalien zur Vernichtung oder Vertreibung von Ernteschädlingen.

Pilger Gläubiger, der zu einem Schrein oder heiligen Ort wandert oder reist.

Politische Partei Personengruppe, die gemeinsame politische Ziele verfolgt.

Präsident Amtstitel für das republikanische Staatsoberhaupt.

Produktivität Sie beschreibt das Verhältnis zwischen Produktionsergebnis und Herstellungskosten und gibt Auskunft über die Ergiebigkeit eines Wirtschaftsprozesses.

Prophet Verkünder und Deuter einer Gottesbotschaft.

Radar Verfahren zur Erfassung und Vermessung von Gegenständen durch Aussenden von Radiowellen und Auswerten der zurückgeworfenen Strahlen. Häufig in der Navigation verwendet.

Regierung Das Herrschaftssystem eines Landes, eines Bezirks oder einer Gemeinde.

Religion Glaubenslehren, die zum besseren Verständnis des Weltgeschehens beitragen, sowie ihr Ausdruck in Gebet, Gesang, Kirchenbau usw.

Republik Staatsform, in der die Herrschaft beim Volk liegt und das Oberhaupt in der Regel kein Monarch, sondern ein gewählter Präsident ist.

Rohstoffe Alle unbearbeiteten Erzeugnisse im Naturzustand pflanzlicher, tierischer oder mineralischer Herkunft, die als Ausgangsmaterial in der Produktion gebraucht werden.

Schrein Altar oder Kultstätte, wo sich das Grab oder die Reliquie eines Heiligen befinden kann. Häufig das Ziel von Pilgern.

Schürfen Das Aufspüren und Freilegen von unterirdischen Mineralen und Rohstoffen wie Kohle, Metalle, Edelsteine oder Erdöl.

Slums Elendssiedlungen, meist am Rande von Großstädten, wo die Armen unter menschenunwürdigen Bedingungen in Behelfsbaracken leben.

Totalitärer Staat Ein Staat mit nur einer Regierungspartei, die alle Aktivitäten innerhalb des Landes kontrolliert.

Umweltverschmutzung Schädliche Auswirkungen von Chemikalien, Abwässern, Pestiziden und Lärm auf die Natur.

Wahlen Die Berufung einer Person in ein (Regierungs-)Amt durch Abstimmung der Wahlberechtigten

Zivilisation Eine Gesellschaft, wirtschaftlich, kulturell, politisch und sozial einen hohen Entwicklungsstand erreicht hat.

REGISTER

Fett gedruckte Seitenzahlen verweisen auf Kapitel.

A

Aborigines 11, 29
Ackerbau 32, **34-35**
Afrika, Stämme in 10
Agrarwirtschaft *siehe* Landwirtschaft
Allah 22
Alphabete **14-15**, 60
Amazonas-Regenwald 11, 33
American Football 31
Amerika, Indianerstämme in 10
Amharisch (Sprache) 10
Amida-Buddha (Skulptur) 19
Amoco Building 53
Amritsar 17
Anbau 34
Angkor Wat 18
Antwerpen 49
Arabische Liga 9
Arabisches Alphabet 14
Aralsee 59
Armut **56-57**
Asien, Völker in 11
Äthiopier (Volk) 10
Atomkraftwerk 44
Aufzüge 53
Auslegerbrücke 54-55
Australien 5, 11, 36
Autokratie 8, 60

B

Bajau (Volksstamm) 25
Bali 11, 29
Balkenbrücke 54-55
Bar-Mizwa 17
Baseball 31
Basketball 31
Baumwolle 34
Bauwerke **50-51**, 52-53
Beduinen 24
Benares 18
Benzin 43
Berber, Heiratsmarkt der 28
Bergbau **40-41**, 42-43
  Kohle- 42
Bergwerke 42
  Tagebau 40
  Untertagebau 42
Bethlehem 20
Beton 50
Bevölkerung **4-5**, 6, 58
Bewässerung 34, 59, 60
Bibel 17, 20
Biobauern 32
Bitumen 43
Bogenbrücken 54
Bombay 7
Brahma (Gottheit) 18
Brahmane 18
Brandrodung 33, 58
Brenn- und Treibstoffe, 42-43, 59, 60
Brücke, erste Eisen- 54
Brücken **54-55**
Bruttoinlandsprodukt 57
Buddhismus 11, **19**, 27
Buddhisten 19
Bundesrepubliken 8
Bundesregierung 8, 60

C

C.&S. Plaza 53
Caissons 50
Central Plaza 53
China 5
  Menschen in, 13, 14
  Schrift in, 14
  Sprache in, 12-13
Christen 17, 20-21, 28
Christentum 10-11, 16, **20-21**
Chrysler Building 51
CN Tower 51
Coalbrookdale 54
Containerschiffe 48

D

Demokratie 8, 60
Destillation 43
Devanagari-Alphabet 14
Dharma 18, 19
Dieselöl 43
Doge 7
Dredsche 48
Dressurreiten 31
Drillmaschine 35
Dünger 32, 60
Düsenverkehrsmaschinen 46

E

Efe (Volksstamm) 10, 25
Egge 35
Eiffelturm 51
Einkommen 56
Einwanderung 47
Eisbrecher 48
Eishockey 31
Elektrizität 42, **44-45**
Elendsviertel 57
Elfenbeinküste 24
Empire State Building 51, 53
Englisch (Sprache) 12, 15
Entwicklungsländer 56-57
Erdgas 42-43, 44
Erdnüsse 34
Erdöl 42-43, **44-45**
  -Bohrturm 43
  -gewinnung 43
  -quellen 43
Erleuchtung 19
Ernte 29
Erz 40
Ethnische Gruppen 10, 60
Europäische Union 8
Exporte 56, 60

F

Fabriken 6
Fachwerkbrücken 54
Faraday, Michael 44
Fasten 23, 28, 60
Favelas 57
FCKWs *siehe* Fluorchlorkohlenwasserstoffe
Feldfrüchte 32, 34-35
Felsen, Die Vermählten 16
Feste 17, 19, 21, 22-23, **28-29**, 60
Fischerei **38-39**, 41
Flachs 34
Flughäfen 46-47
Fluglotsen 46
Fluorchlorkohlenwasserstoffe 58-59, 60
Forstwirtschaft 41
Fossile Brennstoffe **42-43**, 45
Frachtschiffe 49
Fraktionierturm 43
Frankreich 8, 37
Französisch (Sprache) 15
Freiland-Betriebe 32, 37
Fulani (Volksstamm) 10
Fundamente 24, 50
Fußball 30, 31

G

G7 (Gruppe der Sieben) 57
Gabriel (Engel) 22-23
Ganges (Fluss) 18
Gänsehaltung 37
Gänseleberpastete 37
Gauchos 37
Gautama, Siddharta 19
Gebärdensprache 15
Geburtenrate 5
Geflügelhaltung 37
Gemeinschaft Unabhängiger Staaten 9
Generalversammlung 9
Generator 44-45
Geologen 40, 42, 43, 60
Gerste 35
Gesundheit 4
Getreide 35
Gezeitenkraftwerk 45
Giraffenfrauen 11
Glas 41
Glasblasen 41
Glasherstellung 41
Globale Erwärmung 58-59, 60
Glühen 40
Golden Gate Bridge 55
Gondeln 7
Gott 16, 17, 20, 22
Götter 16, 18
Griechen, der Antike 14
Griechisches Alphabet 14-15
Großbritannien 8
Große Pyramide von Giseh 51
Guatemalteken (Volk) 10
Gujarat 13
Gurdwara 17
Guru Granth Sahib 17
Guru Nanak 17
Gurus 17
GUS *siehe* Gemeinschaft Unabhängiger Staaten

H

Hadsch 23
Häfen 6, **48-49**
Hängebrücken 54-55
Haussa (Volk) 10
Häuser **24-25**, 26-27
Haustiere 36
Heathrow (Flughafen) 46
Hebräisches Alphabet 14
Hedschra 22
Heilige Kommunion 20
Hieratische Schrift 14
Hieroglyphen 14
Himmel 17, 21
Hindi
  Alphabet 14-15
  Sprache 12-13
Hinduismus 11, 16, **18**
Hindus 18, 29
Hira (Berg) 22
Hirse 35
Hochofen 41
Hochzeit 28
Hochzeitszeremonien 28
Home Insurance Building 52
Hongkong 4, 7, 25
Hoover Dam 44
Hopi (Indianerstamm) 10
Hühner 37

I

Ibo (Volksstamm) 10
Id al-Adha 23
Id al-Fitr 23
Iglus 25
Imam 23
Importe 56, 60
Indien 5, 13, 18, 56

Indogermanische
  Sprachen 12
Indonesien 11
Industrialisierung 58
Industrie 4, 6, 48, **40-41**, 60
Industrielle Revolution 4, 6, 54, 60
Inuit (Eskimos) 10, 25
Irak 14
Islam 10-11, 16, **22-23**, 24
Israel 17
Italienisch (Sprache) 15

J

Jakuten 11
Japan 16, 26-27, 28, 55, 57
  Feste 28
  Häuser 26-27
  Menschen 14
  Religionen 16, 28
  Schrift 14
Jerusalem 17
Jesus 20-21
John Hancock Center 52-53
Judäa 20
Juden 17
Judentum **16-17**
Juku 14

K

Kaffee 32, 34
Kalkutta 7
Kalligrafie 14
Kami 16
Kanaaniter 14
Kanäle 49
Kapitol 8
Kardinäle 21
Karibikvölker 10
Karma 18
Karneval 28
Kassave *siehe* Maniok
Kathedralen 21
Katholiken 21
Kayapo (Indianerstamm) 10
Keilschrift 14, 60
Kernenergie 44, 60
Kernkraftwerke 44-45
Kernspaltung 44
Kerosin 43
Khoisan 15
Kirchen 16, 21
Klagemauer 17
Klappbrücken 54
Knabenfest 28
Kohle 42, 44-45
Kohlendioxid 59, 60

Koks 42
Kolkate *siehe* Kalkutta
Kongo 10
Kongress 8
Konstantin (Kaiser) 20
Koran 22
Kraftwerke 42, 44-45
Kricket 31
Krieger 30
  der Massai 29
Kulturen 10, 60
Kupfer 40
Kurden (Volk) 11
Kurdistan 11

L

Landwirtschaft **32-33**, 34-37, 41
  Ackerbau 32, **34-35**
  Intensiv- 32, 36-37
  Viehhaltung 32, **36-37**
Lappen (Volk) 11
Lastkähne 48
Latein (Sprache) 15
Lateinisches Alphabet 14-15
Lehmziegel 24
Leichtathletik 30
Lincoln Cathedral 51
Lipas 25
Lippenlesen 15
Luftfahrt **46-47**
Luftfracht 46

M

Mahajana 19
Maharashtra 13
Mähdrescher 34
Main-Donau-Kanal 49
Mais 35
Mandarin 13
Mandir 18
Manhattan 7
Maniok 34
Märkte 6-7
Marktstädte 6
Massai
  Feste 29
  Häuser 27
  Volk 27, 29
Maya 14
Medina 22
Meditation 19, 60
Medrese 22
Megalopolis 7, 61
Mekka 22-23
Menschen, frühe 10
Merinoschafe 36
Mesopotamien 14
Messe 20
Metalle 40
Metallurgen 40

Mexico City 7
Miao (Volksgruppe) 13
Minarette 23
Minerale 40
Missionare 20, 61
Mohammed (Prophet) 22-23
Monarchien 8, 61
Mönche, buddhistische 19
Mongolen 27
Moscheen 16, 22-23
Mumbai *siehe* Bombay
München, Olympia-stadion von 30
Muslime 17, 22-23
Myanmar (Birma) 11

N

Naher Osten 24
Namba (Tanz) 29
NATO 9
Nomaden
Nonnen, buddhistische 19
Nordafrika 7
Nordatlantikpakt *siehe* NATO

O

O'Hare Airport 46
OAU 9
Olympia 30
Olympische Spiele 30
Oman 11
Orakelknochen 14
Organisation für die Afrikanische Einheit *siehe* OAU
Osaka-Kobe 7
Ostern 21
Ostkirche 21
Ozonschicht 58
Osaka-Kobe 7

P

Padaung 11
Pampas 37
Panamakanal 48-49
Papst 21
Papua-Neuguinea 12
Parlament 61
Parlamentsmitglieder 8
Partei, politische 8, 61
Pelota 31
Pestizide 32, 61
Peterskirche, Vatikan 21
Petronas-Zwillingstürme 53
Pferderennen 31
Pflug 35
Philippinen 25
Phöniker, Alphabet der 14
Piktogramme 14
Pilger 18, 22-23, 61
Portugiesisch (Sprache) 15

Präsident 8, 61
Priester 16
Produktivität 41, 61
Prophet 22, 61
Protestanten 21
Punjab 17
Pygmäen (Volk) 10, 25

QR

Qu'ran *siehe* Koran
Rabbiner 17
Radar 38, 46, 61
Radioaktivität 45
Radiowellen 61
Ramadan 22-23
Ramme 50
Reaktor 44
Regenwälder 58
Regierungsformen **8-9**, 60, 61
Reis 29, 35
Reisanbau 35
Religionen 10, **16-17**, 18-23, 61
Reliquien 19, 61
Repräsentantenhaus 8
Republik 8, 61
Rhein (Fluss) 48-49
Ringwade (Fischereinetz) 39
Rio de Janeiro 7, 57
Rituale 29, 30
Rohstoffe 7, 61
Rom 21
Romanische Sprachen 15
Römer 14
Römisches Reich 15, 20
Rotterdam 49
Rugby 31
Russisches Alphabet 15

S

Sabbat 17
Sampans 25
Sana 24
Sankt-Lorenz-Seeweg 49
São Paulo 7, 57
Saurer Regen 59
Schädlinge 35
Schafhaltung 36
Schafhirten 33
Schichi-go-san 28
Schiffe 48-49
Schifffahrt 48-49
Schir-Dor-Medrese 22
Schrägseilbrücke 54-55
Schreine 19, 61
Schrift **14-15**
Schürfen 40, 61
Schulden 57
Schwefeldioxid 59
Schweinehaltung 36
Sears Tower 51, 53
Sedimentgestein 43

REGISTER

Seeleute 31
Seerouten 48
Seilbrücken 54
Selbstversorgungs-
   wirtschaft 34
Senat 9
Senkkästen *siehe*
   Caissons
Seoul 7
Seto-Ohashi-Brücke 55
Seufzerbrücke 7
Shanghai 7
Shintoismus 16, 28
Shiva 18
Sibirien 11
Sikhismus **17**
Sikhs 17
Slums 57, 61
Sojabohnen 34
Solarenergie 45
Sophien-Kathedrale 21
Souks 7
Sowjetunion 9
Spanisch (Sprache) 12, 15
Sport **30-31**
Sprachen 10, **12-13**, 15
Sri Lanka 19
Stadion 30
Städte 4, **6-7**, 57
Stahl 41
Stahlkonverter 41
Staudamm 45
Strom, elektrischer 44-45
Stromnetz 45
Stupa 19
Südamerika 57
   Indianer in 10
Sudan 4
Suezkanal 48-49
Sumerer 14, 60
Supertanker 48
Synagoge 16, 17

T

Tänze 29
Tanzender Derwisch 23
Tatami-Matten 26
Taufe 20
Tempel 16
Theravada 19
Thora 17
Tiere, bedrohte 58
Tokio-Yokohama 7
Torf 42
Totalitäres Regime 8, 61
Trawler 38
Treibhausgase 59
Treibnetze 39
Turbinen 44-45

U

Ulmer Münster 21
Umwelt, Bedrohung der
   58-59
Umweltverschmutzung
   45, **58-59**, 61
UN-Sicherheitsrat 9
Uran 44
USA 8

V

Varanasi *siehe* Benares
Vatikan 21
Venedig 7
Vereinte Nationen 4, 9
Verhältniswahlrecht 8
Verhüttung 40
Viehfutter 34-35
Viehhaltung 32, **36-37**
Vishnu 18
Volksgruppen **10-11**
Vororte 25

W

Wahlen 8, 60
Wale 39
Walfang 39
Wall Street 7
Wanderfeldbau 33
Wärmekraftwerke 44-45
Washington Monument
   51
Washington, DC 8
Wasserkraftwerke 44-45
Wasserwege **48-49**
Weihnachten 21
Weizen 35
Wellenkraftwerke 45
Weltkrieg, Zweiter 9
Windturbinen 45
Wohlstand **56-57**
Wohnen **24-27**
   in Japan 26-27
   bei den Massai 27
   bei den Mongolen 27
Wolkenkratzer 7, 50,
   52-53
World Trade Center 7, 51,
   53
Wüste 58

Y

Yakushi-Pagode 19
Yoruba (Volk) 10

Z

Zebu-Rinder 36
Zentralamerika 14
Ziegen, als Haustiere 36
Zigeuner (Volk) 11
Zivilisation 6, 14, 60
Zuckerrohr 34
Zulu 15